mittelmeer-küche

mittelmeer-küche

Inhalt

Rezeptverzeichnis

Schwierigkeitsgrade:

★	leicht
★★	mittel
★★★	anspruchsvoll

Kalte & warme Vorspeisen 8

Suppen 40

Vegetarische Gerichte 66

Fisch & Meeresfrüchte 90

Fleisch & Geflügel 124

Desserts & Gebäck 154

Kalte & warme Vorspeisen

Auberginen-Caponata

Vorbereitungszeit: *45 Minuten*
Garzeit: *40 Minuten*
Schwierigkeitsgrad: ★

Für 4 Personen

4	Auberginen
	Salz
80 ml	Olivenöl
1	Möhre
1	Selleriestange
2	Zwiebeln
2	Tomaten
1 Bund	Petersilie
	Pfeffer
100 g	Kapern
200 g	entsteinte grüne Oliven
100 g	getrocknete Tomaten
25 ml	Weißweinessig
1 EL	Zucker

Zum Garnieren:
Petersilie

Die Auberginen-Caponata gehört zu den kulinarischen Klassikern Siziliens . Eins der beliebtesten Sommergemüse und das süß-saure Aroma machen die Besonderheit dieser kalten Vorspeise aus.

Über die Herkunft des Namens *caponata* herrscht in Sizilien Uneinigkeit. Eine Theorie vermutet den Ursprung in den *caupone* genannten Hafentavernen, in denen früher einfache Gerichte aus Tintenfisch, Sellerie und Aubergine mit salzig-süßen Saucen serviert wurden. Eine andere leitet den Namen von *caponi* ab, der Bezeichnung für die neapolitanischen Fischer, die auf ihren Booten eine Fischsuppe mit Gemüse zubereiteten.

Dieses Gericht schmeckt nach Sommer. Tomaten, Zwiebeln und Sellerie sind hier allerdings nur Begleiter der königlichen Aubergine, die von den Einwohnern Siziliens so leidenschaftlich geliebt wird. Der Legende nach brachten die Araber diese Frucht im 16. Jahrhundert ins südliche Italien. In der sizilianischen Küche werden Auberginen gern mit Tomaten gefüllt oder zu Klößchen und Rouladen verarbeitet. Zusammen mit Ricotta verleihen frittierte Auberginen den *maccheroni alla Norma*, einer Spezialität aus der Region um Catania, ihren unverwechselbaren Charakter.

Diese aromatische Vorspeise vereint die Vorzüge der regionalen Produkte. Die für ihre Qualität berühmten Kapern von den Liparischen Inseln und aus Siziliens südlicher Küstenregion Pantelleria bringen die Aromen der anderen Zutaten noch intensiver zur Geltung. Kapern sind die in Essig eingelegten Blütenknospen des Kapernstrauchs. Hier werden sie vor Verwendung abgespült.

Auberginen schälen und in dicke Scheiben, dann Würfel schneiden. In ein Sieb geben und kräftig salzen. 20 Min. ziehen lassen, abspülen und abtropfen lassen. In 50 ml Olivenöl etwa 10 Minuten dünsten.

Möhre schälen und reiben. Sellerie waschen und fein würfeln. Zwiebeln schälen und fein hacken. Tomaten schälen und fein würfeln. Petersilie waschen und fein hacken.

Die Zwiebel mit dem restlichen Olivenöl in der Pfanne anbraten. Den Sellerie zugeben und bei geringer Hitze glasig andünsten. Die Tomaten zugeben und unterrühren. Salzen und pfeffern.

Die Möhre zur Gemüsemischung geben, dann Kapern, in Ringe geschnittene Oliven, fein geschnittene getrocknete Tomaten und die gehackte Petersilie zugeben. Umrühren und 10 Minuten köcheln lassen.

Gewürfelte Auberginen zufügen und weitere 10 Minuten köcheln lassen.

Essig und Zucker zugeben und verrühren. 5 Minuten köcheln lassen. Die Auberginen-Caponata auf Tellern anrichten und mit gehackter Petersilie garnieren.

Schnecken-Duo

Vorbereitungszeit: *20 Minuten*
Garzeit Rosmarinschnecken: *30 Minuten*
Garzeit Fenchelschnecken: *40 Minuten*
Schwierigkeitsgrad: ☆

Für 4 Personen

Rosmarinschnecken:

500 g	Petits-Gris-Schnecken (ersatzweise Weinbergschnecken)
	Salz
150 ml	natives Olivenöl
50 g	frischer Rosmarin
175 ml	Essig

Fenchelschnecken:

500 g	Petits-Gris-Schnecken (ersatzweise Weinbergschnecken)
6	Frühlingszwiebeln
200 ml	natives Olivenöl
200 ml	Weißwein
	Salz
	Pfeffer
1 kg	Fenchelkraut
4	reife Tomaten

Zahlreiche Griechen respektieren auch heute noch die religiösen Fastentage, an denen sie kein Fleisch, keine Eier oder Milchprodukte zu sich nehmen dürfen. Dafür stehen Wildkräuter, Gemüse, Schnecken, Hülsenfrüchte und Oliven auf ihrem Speiseplan. Archäologische Grabungen auf Kretas Nachbarinsel Santorin haben gezeigt, dass schon die Minoer Schnecken aßen. Auch die antiken Griechen mochten die in der Natur problemlos auffindbaren Weichtiere.

Die kretischen Bergschnecken ernähren sich von aromatischen Pflanzen und sind daher für ihr Aroma berühmt. Die Kreter sammeln sie, setzen sie in Kisten, die mit Weinblättern ausgekleidet sind, und lassen die Schnecken dort zwei Wochen fasten. Die Kisten werden regelmäßig kontrolliert und gereinigt. Unter den fünfzig Schneckenrezepten der Insel hat Ioannis Lappas für Sie die gebratenen Rosmarinschnecken zum Aperitif mit Fenchelschnecken, einem klassischen Hauptgericht, kombiniert.

Das Braten ist eine der beliebtesten Zubereitungsarten von Schnecken auf Kreta. Sie werden gern als *mezze* gereicht und zu einem Glas Wein oder Brandy verzehrt. Damit sie gleichmäßig garen, müssen die Schnecken lebend und mit der Öffnung nach unten in eine mit Salz ausgestreute Pfanne gesetzt werden. Sie ziehen sich bei Kontakt mit der heißen Pfanne schnell in ihr Haus zurück, sind dann aber bereits mit einer Salzkruste überzogen. Die Kreter tunken die Sauce mit *dakos* auf, einem lokalen Gebäck.

Im zweiten Rezept erhalten die Schnecken ihr Aroma von wildem Fenchel, *marathos* genannt. Sie können den Fenchel durch Dill ersetzen, das Aroma ist sehr ähnlich.

Schnecken unter fließendem Wasser oder in einer mit Wasser gefüllten Schüssel kräftig abreiben, um Unreinheiten zu beseitigen. Entfernen Sie die Kalkpfropfen, falls notwendig.

Zubereitung der Rosmarinschnecken: Eine Pfanne mit Salz ausstreuen und die Schnecken hineinsetzen. Pfanne stark erhitzen, bis ein gelb-grünlicher »Saft« entsteht. Das Öl zufügen und bei weiterhin großer Hitze die Pfanne etwa 5 Minuten kräftig schwenken.

Rosmarin zugeben. Die Schnecken mit dem Essig ablöschen. Etwa 20 Minuten braten, bis der Essig verkocht ist. Heiß servieren.

aus Kreta

Fenchelschnecken: Wasser in einem ausreichend großen Topf zum Kochen bringen. Lebende Schnecken hineingeben und 2 Minuten kochen.

Frühlingszwiebeln in feine Ringe schneiden. Gekochte Schnecken mit dem Olivenöl und den Frühlingszwiebeln in einem Topf 5 Minuten bei starker Hitze braten. Weißwein, Salz und Pfeffer zugeben. Den Topf 3–4 Minuten auf der Herdplatte stehen lassen und gelegentlich schwenken.

Fenchelkraut schneiden, Tomaten fein würfeln. Beides zu den Schnecken geben und 30 Minuten kochen. Falls nötig, Wasser zugeben. Das Gericht auf dem Teller mit etwas frischem Fenchelkraut garnieren und heiß servieren.

Estopeta

Vorbereitungszeit: *20 Minuten*
Wässern des Dorsches: *24 Stunden*
Schwierigkeitsgrad: ★

Für 4 Personen

400 g	Dorschfilet
2	reife Tomaten
½	Zwiebel
2	Schalotten
1 EL	Petersilie
1 TL	Paprikapulver
100 g	eingelegte schwarze Oliven
150 ml	natives Olivenöl

Auf den Balearen, wie überall in Spanien, hat der Dorsch seit Jahrhunderten einen herausragenden Platz auf dem täglichen Speiseplan. Die Estopeta, eine raffinierte Mischung aus zerkleinertem Dorsch, gehackten Tomaten, Zwiebeln und Kräutern, ist ein traditionelles Gericht. Selten findet man sie auf heutigen Speisekarten, erinnert sie doch eher an »alte Familienrezepte« als an moderne Küchentrends. Oscar Martínez Plaza hingegen bietet sie seinen Gästen gern an: Für ihn ist dieses einfache Gericht aus günstigen Zutaten eine ausgesprochen delikate Mischung.

Damit die Estopeta gelingt, benötigen Sie sowohl Dorsch als auch Olivenöl von allerbester Qualität. Das Wässern des Fischfilets ist äußerst wichtig, da der Fisch roh bleibt. Stellen Sie das Gefäß in den Kühlschrank und wechseln Sie das Wasser alle drei Stunden. Schneiden Sie den Dorsch schon vorher in kleine Stücke, dann wässert er am besten.

Oliven und Olivenöl sind die Grundlage für eine Sauce mit kräftigem Geschmack, die hervorragend zu der frischen Estopeta passt. Die Olivengärten im Tramuntana-Gebirge auf Mallorca bestehen z. T. seit dem 16. Jahrhundert. Besonders die Kooperative von Sóller ist berühmt für ihr natives Olivenöl extra, das von goldgelber Farbe ist und nur wenig Säure besitzt.

Die Oliven der Balearen erreichen ihre höchste Reife im Oktober. Dann sind sie schwarz und runzlig, und ihr Aroma ist sehr kräftig. Oliven, die nicht zu Öl gepresst werden, werden in Essig mit Lorbeer, Knoblauch und Zitrone eingelegt. Die Bewohner der Balearen nennen sie *aceitunas marcidas:* Diese »Oliven, die auf der Zunge zergehen«, steuern ihr kräftiges Aroma zur Estopeta bei.

Dorschfilets säubern und in feine Streifen schneiden. In ein Gefäß mit kaltem Wasser geben und 24 Stunden wässern.

Die Tomaten kreuzweise einritzen, mit heißem Wasser übergießen. Sobald die Haut sich löst, Tomaten in kaltes Wasser tauchen. Haut mit einem scharfen Messer abziehen.

Die halbe Zwiebel schälen und fein hacken. Das Grün und die äußere Schale der Schalotte abschneiden. Nur die weiße Zwiebelknolle fein hacken, ebenso die Petersilie. Tomatenkerne entfernen, Tomaten fein hacken.

aus rohem Dorschfilet

Den Dorsch abtropfen lassen und in eine Schüssel geben. Gehackte Schalotte und Petersilie zugeben.

Gehackte Zwiebel und Paprikapulver zugeben. Von den gehackten Tomaten etwas zur Dekoration beiseite legen, den Rest in die Schüssel geben.

Oliven entkernen und fein hacken, bis ein Püree entsteht. In eine Schüssel geben, mit Olivenöl übergießen. Mithilfe einer Ringform die Dorschmischung in der Mitte eines Tellers anrichten und mit Olivensauce und Tomatenstückchen garnieren.

Gefüllte Zucchiniblüten

Vorbereitungszeit: *40 Minuten*
Garzeit: *25 Minuten*
Schwierigkeitsgrad: ★★

Für 4 Personen

16	kleine Zucchini mit Blüten
500 g	Seeteufel
2	Porreestangen
200 ml	Olivenöl
300 ml	Weißwein
2	Tomaten
	Salz
500 ml	Fischfond
25 g	Speisestärke

Inspiriert durch einige neugierige Küchenchefs, die sich für die kulinarischen Eigenheiten ihrer Nachbarn interessieren, haben die Einwohner der Balearen die reizvollen Zucchiniblüten für sich entdeckt. Meist werden sie einfach in Mehl gewendet und paniert, von Bartolomé-Jaime Trias Luis hingegen gefüllt: mit in Weißwein geschmortem Seeteufel, Tomate und Porree. Ein Geschmackserlebnis der besonderen Art!

Die Zucchiniblüten müssen sehr vorsichtig gereinigt werden. Mit dem Zeigefinger öffnet man sacht die Blüte und entfernt den Fruchtstempel, der am Boden wächst. Die Blütenblätter werden bis zur Verwendung im Kühlschrank aufbewahrt und auch dann nur ganz behutsam behandelt, damit sie weder welken noch zerreißen.

Der Seeteufel, der für die Füllung verwendet wird, ist ein hoch geschätzter Edelfisch mit reichen Vorkommen im gesamten Mittelmeer und den Gewässern der Balearen. In diesem Rezept kann er auch durch Seebarsch, Zackenbarsch, Rot- oder Zahnbrasse ersetzt werden.

Die Fischmischung muss abkühlen, bevor sie in die Blüten gefüllt wird. Der Vorgang lässt sich beschleunigen, indem die Füllung einige Minuten in die Tiefkühltruhe gestellt wird. Die glatte Tülle eines Spritzbeutels wird dann bis zum Grund der Blüte geführt und die Füllung eingebracht.

Unser Küchenchef serviert drei gefüllte Zucchiniblüten pro Person, entweder auf der Sauce liegend oder aufrecht wie ein Pinsel: die Blüten mit geschlossenen Blättern in der Sauce stehend, während die Zucchini nach oben zeigt. Eilige löffeln die Füllung aus den Blüten heraus, während wahre Feinschmecker die vorbereiteten Zucchini im Ofen überbacken und gefüllte Blüten, Sauce und Zucchini genießen.

Den Fruchtstempel vorsichtig vom Boden der Zucchiniblüte entfernen. Den Stielansatz am unteren Ende der Zucchini schräg abschneiden.

Den Seeteufel ausnehmen, häuten und sorgfältig abspülen. Filets von der Gräte lösen und in kleine Würfel schneiden.

Gehackten Porree in Öl anbraten, Weißwein zufügen und bei starker Hitze verdampfen lassen. Tomaten schälen und hacken. 1 Tomate zum Porree geben und eindicken lassen. Falls nötig, etwas Wasser zugeben. Die zweite Tomate beiseite stellen.

Den gewürfelten Seeteufel zufügen und salzen. 5 Minuten bei starker Hitze kochen.

Die Mischung mit 300 ml Fischfond aufgießen. 200 ml Fischfond mit Speisestärke anrühren und zugeben. Unter Umrühren eindicken lassen, mit Salz abschmecken und abkühlen lassen.

Masse in einen Spritzbeutel geben und die Blüten füllen. Blütenblätter schließen. Die Füllung herauslöffeln oder Zucchini mit gefüllten Blüten 10 Minuten im Ofen bei 160 °C backen und heiß servieren. Mit Tomatenwürfeln garnieren.

Tintenfischbällchen

Vorbereitungszeit: *30 Minuten*
Garzeit: *1 Stunde 5 Minuten*
Schwierigkeitsgrad: ✭

Für 4 Personen

500 g	Tintenfisch
	Olivenöl
200 ml	Rotwein
50 g	Zwiebel, gehackt
1	Knoblauchzehe, gehackt
	Salz
	Pfeffer
100 g	Paniermehl
25 g	Petersilie
25 g	Dill
100 g	Mehl

Auf Kreta gehören die Tintenfischbällchen, genannt *keftedes*, zum Speiseplan der Karwoche. Übers Jahr werden sie als *mezze* zum Aperitif gereicht, entweder mit Tomatensauce oder nur mit Tomatenvierteln und Zitrone garniert.

Die Küstenbewohner Kretas, die gern Fisch und Meeresfrüchte essen, haben eine besondere Vorliebe für Kalmar, Sepia und Tintenfische. Unter den Kopffüßlern eignen sich nur die zuletzt genannten für die Zubereitung der *keftedes*: Kalmare haben nicht genug Fleisch, und das Fleisch der Sepien ist zu fest. Wählen Sie nach Möglichkeit einen großen Tintenfisch mit gut entwickelten Armen.

Wenn der Tintenfisch im Rotwein zu stark austrocknet, gießen Sie ruhig etwas Wasser nach. Sobald er zart ist, gießen Sie ihn ab und entfernen die feine violette Haut. Die Kreter verwenden einen dunklen, starken Rotwein mit hohem Alkoholgehalt zum Kochen des Tintenfischs.

Unser Küchenchef verrät Ihnen einen Trick für eine besonders saftige Rezeptur: Frieren Sie den Tintenfisch nach dem Kochen eine Nacht ein. So behält sein Fleisch eine perfekte Struktur, wenn Sie ihn im Mixer zerkleinern. Sie können ihn auch direkt nach dem Kochen hacken, aber das Fleisch ist dann weicher und elastischer.

Dill und glatte Petersilie sind die idealen Kräuter für die Tintenfischbällchen, gleichzeitig gehören sie zu den beliebtesten aromatischen Pflanzen in Griechenland. *Anithos*, wie der Dill in der Heimat dieses Rezeptes genannt wird, hat gerade, hohle Stängel und eine Blüte in Doldenform: Ebenso wie Anis und Fenchel gehört er somit zur Familie der Doldenblütler. Schon die antiken Griechen schätzten die Blätter und Blüten des Dills in der Küche und der Medizin.

Den Tintenfisch unter fließendem Wasser abspülen. In einem Topf in Öl anbraten. Deckel auflegen und dünsten, bis er entwässert und rot wird. Rotwein zufügen, Deckel auflegen und etwa 45 Minuten kochen.

Den gekochten Tintenfisch reinigen und häuten. Die Arme grob zerteilen. Im Mixer hacken, bis eine feine Masse entsteht.

Die Tintenfischmasse in eine Schüssel geben, gehackte Zwiebel und Knoblauch, Salz, Pfeffer und Paniermehl zugeben.

Petersilie und Dill fein hacken und zugeben. Mit den Fingern gut durchkneten, damit sich die Zutaten gut verteilen.

Mit einem Teelöffel kleine Mengen Teig abstechen und mit den Händen zu etwa pflaumengroßen Kugeln formen.

Mehl auf einen Teller geben und die Tintenfischbällchen darin wenden. In einer Pfanne oder einem Topf in sehr heißem Olivenöl schwimmend ausbacken. Auf Küchenpapier abtropfen lassen und heiß servieren.

Korsische Wurstpastete

Vorbereitungszeit: *15 Minuten*
Garzeit: *25 Minuten*
Schwierigkeitsgrad: ✶

Für 4 Personen

½	*figatellu* (ersatzweise Wildschweinsalami)
1	Knoblauchzehe
50 g	Butter
3	Eier

250 ml	Milch
	Salz
	Pfeffer
1 Spritzer	Olivenöl

Karamellsauce:

80 g	Zucker
1 Spritzer	Honigessig
25 ml	*Cap Corse* (Süßwein, ersatzweise Portwein oder Marsala)

Die korsische Wurstpastete ist eine ausgefallene warme Vorspeise, die die Besonderheiten der korsischen Küche hervorhebt. Serge Fazzini hat diese salzig-süße Kreation als Hommage an die Spezialitäten seiner Heimat entwickelt. Sie ist rasch zubereitet und wird Ihre Gäste begeistern.

Die Wurstwaren Korsikas sind von herausragender Qualität. Nach alter Tradition werden sie in den kleinen Dörfern des Hinterlandes in Handarbeit hergestellt. Nur zwei Beispiele von vielen: *figatellu* (Wurst aus Schweineleber), *coppa* und *prizzuttu* (Schinken).

Hausschweine leben auf Korsika in Freiheit, viele paaren sich mit Wildschweinen, was dem Fleisch ihrer Nachkommen ein unvergleichliches Aroma verleiht. Sie ernähren sich hauptsächlich von Kastanien und werden traditionell zum Weihnachtsfest geschlachtet.

In vielen Familien werden *figatelli* drei bis vier Tage lang im Kamin des Hauses geräuchert und dann in einem luftigen Raum zum Trocknen aufgehängt. Die Korsen essen sie am liebsten auf Holzkohle gegrillt.

In der Kombination mit Butter, Milch und Eiern entfaltet die *figatellu* ihren rustikalen Charakter, der Knoblauch weist auf ihre mediterrane Herkunft hin. Schon seit 5000 Jahren wird Knoblauch in der Region angebaut. Er ist ganzjährig erhältlich. Sein Aroma hängt von der Zubereitung ab: Gekocht schmeckt er milder als roh.

Unser Küchenchef hat aus Begeisterung für die lokalen Spezialitäten eine Sauce kreiert, die der Wurstpastete noch das Aroma von *Cap Corse* hinzufügt. Dazu können Sie den korsischen Frischkäse *brocciu* servieren, den Sie mit frischer, gehackter Minze verfeinern.

Wurstpelle mithilfe eines scharfen Messers abziehen. Wurst in Scheiben schneiden und im Mixer zerkleinern.

Geschälte Knoblauchzehe, zerlassene Butter, Eier und Milch in den Mixer geben. Salzen und Pfeffern und im Mixer zu einer glatten Flüssigkeit zerkleinern.

Ramequin-Formen mit Olivenöl auspinseln. Die Wurstmischung einfüllen.

de Serge Fazzini

Ramequin-Formen in eine ausreichend große Auflaufform stellen, Auflaufform mit Wasser füllen. Im Ofen bei 180 °C etwa 25 Minuten garen. Pasteten aus der Form auf den Teller stürzen.

Für die Karamellsauce den Zucker in einen kleinen Topf geben, etwas Wasser zufügen und aufkochen. Sobald eine sirupartige Konsistenz erreicht ist, den Essig zugeben. Mit Holzlöffel umrühren.

Den Cap Corse zum Karamell geben und einrühren. Die Sauce um die Wurstpastete gießen und servieren.

Überbackenes Brot

Vorbereitungszeit: *30 Minuten*
Garzeit: *10 Minuten*
Schwierigkeitsgrad: ★

Für 4 Personen

1	Weißbrot mit dichter, weißer Krume, z. B. Baguette
1 TL	Paprikapulver
	Salz
	Olivenöl
100 g	getrocknete Tomaten
200 g	*Mahón-Ménorca*
1	frische Knoblauchzehe
1	Frühlingszwiebel
100 g	eingelegte schwarze Oliven

Zum Garnieren:

1	frische Tomate
	Petersilie

Pa amb oli, das »Brot mit Öl«, das auf den Balearen seit Jahrhunderten beliebt ist, ist auch heute noch preiswert und schnell zubereitet. Ursprünglich streute man Salz auf eine Ecke Brot und tunkte es in Olivenöl. Unser Küchenchef hat für Sie eine reichhaltigere Variante kreiert. Er belegt das Brot mit getrockneten Tomaten, Käse und Kräutern und serviert es mit einer feinen Olivensauce.

Ein rustikales Brot bildet die Basis für diese erfrischende Vorspeise. Auf den Balearen verwendet man gern *pan pagès*, ein Landbrot mit dichter, weißer Krume und fester, gebräunter Kruste. Der große Laib hat den Vorteil, dass das Brot lange frisch bleibt.

Auf diese köstliche Grundlage kommen dann getrocknete Tomaten, die auf den Balearen traditionell von den Großmüttern hergestellt werden: Sie legen ganze Tomaten in einen Topf mit wenig Wasser und stellen ihn 6–8 Stunden in die Nähe einer Wärmequelle. Wenn das Wasser verdunstet ist, sind auch die Tomaten gut entwässert. Nach dem Abkühlen werden sie gehäutet.

Dünne Scheiben *Mahón-Ménorca* begleiten die fruchtigen Tomaten. Der berühmteste Käse der Balearen wird auf Menorca hergestellt. Die Insel ist seit der Antike für die Qualität ihrer Rinder bekannt. Der aus Rohmilch hergestellte Käse wird in Öl getaucht und mit Paprikapulver bestäubt. So hält er sich länger. Er kann durch mittelalten Gouda ersetzt werden.

Die schwarzen Oliven für die Sauce werden entsteint, gehackt und mit Olivenöl verrührt. Man nimmt dafür die *marcidas*, tiefschwarze, runzlige Oliven, die nach der Ernte vom Boden aufgelesen und mit Gewürzen eingelegt werden. Sie passen hervorragend zum Olivenöl von Sóller.

Brot in 1½ cm dicke Scheiben schneiden, die Kruste entfernen. In Rechtecke von 10 cm Länge und 2–3 cm Breite schneiden. Im Ofen 10 Minuten bei 180 °C grillen.

Die getoastete Brotscheibe auf einen Teller legen. Mit Paprikapulver und Salz bestreuen und mit einem Spritzer Olivenöl beträufeln.

Mehrere getrocknete Tomaten auf jede Brotscheibe legen, sodass sich die Tomaten wie Dachziegel überlappen. Nochmals mit etwas Öl beträufeln.

Pa amb oli

Käserinde abschneiden. Käse in sehr feine Scheiben schneiden und auf die Tomaten legen.

Etwas Olivenöl in einem kleinen Topf auf 80 °C erhitzen. Knoblauch und Frühlingszwiebel grob zerteilen und zufügen. 20 Minuten köcheln, aber nicht braun werden lassen.

Oliven entsteinen und fein hacken. Mit Olivenöl mischen. Auf jeden Teller einen Streifen Olivensauce geben, dazu einige Tomatenwürfel, 2–3 Blättchen Petersilie und eine Scheibe mit Frühlingszwiebeln garniertes belegtes Brot reichen.

Gefüllte Paprika

Vorbereitungszeit: *25 Minuten*
Garzeit: *20 Minuten*
Schwierigkeitsgrad: ★

Für 4 Personen

4	rote Paprika
	Salz
400 g	Tomaten
2	Knoblauchzehen
1 Bund	Basilikum
150 g	Paniermehl
100 g	geriebener Pecorino
	Pfeffer
50 ml	Olivenöl

Zum Garnieren:
Basilikum
geriebener Pecorino
Olivenöl

Trotz ihrer Schlichtheit sind die gefüllten Paprika auf sizilianische Art eine wahre Gaumenfreude. Diese kalte Vorspeise, die am besten zum Sommer passt, bringt die mediterranen Köstlichkeiten hervorragend zur Geltung.

Die Zubereitung der roten Paprika ist einfach. Auf Sizilien wachsen Paprika im Überfluss, und besonders die roten werden wegen ihres lieblichen Aromas hoch geschätzt. Mit ihrem dicken Fruchtfleisch sind sie für dieses Rezept besonders geeignet. Bevor sie gefüllt werden, garen sie 20 Minuten im Ofen. Dadurch lassen sie sich einfacher häuten. Wenn Sie mehr Farbe ins Spiel bringen möchten, können Sie auch orange und gelbe Paprika verwenden. Achten Sie darauf, dass die Schoten fest und glatt sind, der Stielansatz grün und fest, ohne Flecken oder welke Stellen ist.

In der sizilianischen Küche werden Füllungen raffiniert zusammengestellt, und häufig gehört Paniermehl zu den Zutaten. Ist die Krume trocken, wird das Brot gerieben und bereichert viele Gerichte. Sein angenehmer Biss verleiht auch diesen gefüllten Paprika mehr Charakter.

Diese Spezialität verbirgt ihre Herkunft nicht: Knoblauch, Basilikum und Olivenöl sind die Boten der sonnenverwöhnten Insel. Mit mehr als 180000 Hektar Olivenhainen der Sorten *biancolilla, moresca, nocella etnea* und *tonda iblea* gehört Sizilien zu den produktivsten Regionen Italiens. Fruchtig und kräftig im Geschmack, präsentiert sich sizilianisches Öl mit einem leichten Mandelaroma.

Der Pecorino bereichert die Paprikaröllchen mit seinem unvergleichlichen Geschmack. Dieser Schafskäse, der besonders im Süden des italienischen Stiefels geschätzt wird, passt hervorragend zu den restlichen Zutaten, kann aber auch durch Parmesan ersetzt werden.

Paprika in eine Auflaufform legen und reichlich salzen. 10 Minuten im Backofen grillen. Paprika wenden und nochmals 10 Minuten grillen.

Paprika häuten. Längs teilen und die Samen entfernen.

Für die Füllung: Tomaten häuten und entkernen. In kleine Würfel schneiden. Knoblauchzehen und Basilikum fein hacken.

Paniermehl, Knoblauch, geriebenen Pecorino, Basilikum und Tomaten in eine Schüssel geben. Salzen und pfeffern. Olivenöl zugeben und vermengen.

Die Füllung mithilfe eines Holzspatels vorsichtig auf die Paprika geben.

Paprika aufrollen und auf einen Teller setzen. Mit Pecorino, Basilikum und etwas Olivenöl garnieren.

Imkersalat

Vorbereitungszeit: *10 Minuten*
Garzeit: *10 Minuten*
Schwierigkeitsgrad: ★

Für 4 Personen

1	Friséesalat
200 g	*figatellu* (ersatzweise Wildschweinsalami)
40 ml	Olivenöl
4	frische Eier
	Salz
	gemahlener Pfeffer
60 ml	Honigessig

Vinaigrette:

25 ml	Weißweinessig
	Salz
	Pfeffer
60 g	Honig
100 ml	Olivenöl

Inmitten des türkisblauen Mittelmeers liegt Korsika, umweht vom Aroma der Macchia. Die kontrastreiche Landschaft hat eine einzigartige Vegetation. Von den 2300 auf Korsika bekannten Pflanzenarten kommen 280 nur auf dieser Insel der Schönheit vor. Die Bewohner sind stolz auf diesen Reichtum und bringen daher dem Honig besonderen Respekt entgegen.

Der Imkersalat ist leicht zuzubereiten und gleichzeitig eine Hommage an die lokalen Spezialitäten. Die wenigen Zutaten verbinden sich harmonisch zu einem süß-sauren Geschmackserlebnis.

Schon seit der Antike genießt der korsische Honig den besten Ruf. Aristokratische Römerinnen parfümierten damit ihr Bad aus Eselsmilch. Seit einigen Jahren gibt es eine geschützte Herkunftsbezeichnung für korsischen Honig, der in sechs aromatischen Varianten hergestellt wird. Vincent Tabarani hat für dieses Rezept den Honig der Macchia ausgewählt.

Im Sommer wird in den Hochtälern ein fruchtiger Honig geerntet, der aus dem Nektar Tausender Wildpflanzen besteht, darunter Thymian und Ginster. Die Herbsternte bringt einen Honig mit kräftigem und leicht bitterem Geschmack hervor. Er ist cremig und erinnert im Geschmack an den korsischen Erdbeerbaum und die Kastanie.

Zum Imkersalat gehört ein weiterer Höhepunkt der korsischen Küche: die *figatellu*. Diese regionaltypische Hartwurst wird aus Schweineleber hergestellt. Die Korsen essen sie am liebsten auf Holzkohle gegrillt zwischen zwei Scheiben Brot oder Polenta, die aus Kastanienmehl gebacken wird. Sie können den *figatellu* durch eine Wildschweinsalami ersetzen.

Friséesalat waschen und grüne Blätter entfernen. Die hellen Blätter hacken.

Die Wurst mit der Messerspitze einstechen und unter dem Backofengrill 10 Minuten grillen.

Die Wurst in gleich dicke Scheiben schneiden.

Für die Vinaigrette: Weißweinessig in eine Schüssel gießen, salzen und pfeffern. Den Honig zugeben. Mithilfe einer Gabel gut mischen. Olivenöl zufügen. Vinaigrette beiseite stellen.

40 ml Olivenöl in einer Pfanne erhitzen. Die Eier hineinschlagen und braten. Salzen und pfeffern.

Den Honigessig über die Eier gießen. Den Salat auf dem Teller anrichten, mit Eiern und Wurstscheiben belegen. Mit Vinaigrette übergießen.

Sommersalat mit

Vorbereitungszeit: *10 Minuten*
Garzeit: *1 Minute*
Schwierigkeitsgrad: ★

Für 4 Personen

4	Orangen
300 g	Fenchelknolle
1	Zitrone
180 g	Bottarga vom Thunfisch (leider nur über ausländische Bezugsquellen erhältlich)
100 g	entsteinte schwarze Oliven
3 EL	Olivenöl
1 EL	Weißweinessig

Zum Garnieren:

	Fenchelsamen
4 Zweige	Fenchelkraut

Sizilien ist eine Insel der Traditionen und erweckt heute oft den Eindruck, dass die Zeit stehen geblieben sei. Der Familiensinn ist ausgeprägt, und auch andere Bräuche sind fest in der Inselmentalität verankert. So zieht die *mattanza*, die Jagd auf den Thunfisch, jedes Jahr Tausende Zuschauer nach Favignia in der Bucht von Trapani. Thunfische, die vier Meter lang und mehrere Zentner schwer werden, sind in der Inselküche hoch geschätzt.

Der Bottarga-Salat hat seine Ursprünge in Porto di Capo Passero, einem kleinen Fischerdorf ganz im Süden, und ist einfach in der Zubereitung. Die typische, erfrischende sizilianische Spezialität ist eine ideale Vorspeise für den Sommer.

Die *bottarga di tonno* wird aus sorgfältig gepresstem und gesalzenem Thunfischrogen hergestellt. Dieses regionaltypische Produkt (das hierzulande leider nicht einfach erhältlich ist, sondern über den internationalen Feinkosthandel bezogen werden muss) wird in Scheiben geschnitten und roh, frittiert oder gedünstet verzehrt. Oft wird Bottarga mit Olivenöl, Knoblauch, Petersilie und rotem Chilipulver gewürzt.

Diese Vorspeise ist sehr vitaminreich und gewinnt noch an Frische durch das leicht säuerliche Aroma der Orange. Seit dem Mittelalter ist die Region um Palermo für die Qualität ihrer Zitrusfrüchte berühmt. Diese Region, die einem riesigen Garten gleicht und in der die Früchte seit dem 11. Jahrhundert angebaut werden, profitierte lange von dem Bewässerungssystem der Araber. Auf der Insel werden die Sorten Navel, Tarocco und die ovale Orange angebaut.

Erfrischend wird diese Vorspeise durch eine gelungene Kombination von Aromen und Konsistenz. Der Schmelz der Orangenfilets harmoniert mit dem knackigen Fenchel, der dem Salat das an Anis erinnernde Aroma verleiht.

Orangen schälen und filetieren. Den Saft dabei auffangen.

Fenchel waschen und in feine Streifen schneiden. Wasser mit dem Saft der Zitrone in eine Schüssel füllen und den Fenchel hineingeben.

Mit einem scharfen Messer die Bottarga in gleichmäßig feine Scheiben schneiden.

Thunfisch-Bottarga

Die schwarzen Oliven in eine Pfanne legen und mit einem Esslöffel Olivenöl 1 Minute anbraten. Essig zugießen.

Den aufgefangenen Orangensaft in eine Schüssel geben. 1 Esslöffel heißes Wasser und das restliche Olivenöl zugeben. Mit dem Schneebesen kräftig schlagen, bis eine glatte Sauce entsteht.

Den Fenchel im Sieb abtropfen lassen, auf Tellern anrichten und mit Bottarga, Oliven und Orangenfilets belegen. Mit Orangensauce begießen und mit Fenchelsamen und Fenchelkraut garnieren.

Bottarga-Salat mit

Vorbereitungszeit: *10 Minuten*
Garzeit: –
Schwierigkeitsgrad: ★

Für 4 Personen

80 g	Selleriestange
60 g	Tomaten
100 g	Bottarga von der Meeräsche (leider nur über ausländische Bezugsquellen erhältlich)

1	Zitrone
	gemahlener Pfeffer
2 EL	Olivenöl

Zum Garnieren:
Sellerieblättchen

Auf Sardinien trägt dieser Salat den Namen Isabella, benannt nach der Tochter unseres Küchenchefs. Das Rezept ist ein typisches Beispiel sardischer Küche und lässt sich ganz einfach zubereiten. Besonders im Sommer ist der erfrischende Salat eine beliebte Vorspeise.

Ganz von smaragdgrünem Wasser umgeben, liegt die Insel Sardinien am weitesten vom italienischen Festland entfernt. Die Bewohner dieser wilden Schönheit sind dafür bekannt, Gerichte zuzubereiten, deren Geschmack raffiniert, deren Zubereitung jedoch einfach ist. Besonders beliebt ist die *bottarga di muggine* (Bottarga von der Meeräsche), die einen außergewöhnlichen Ruf genießt.

Die Meeräsche ist ein sehr jodhaltiger Fisch, der hauptsächlich in der Bucht von Cabras im Westen der Insel gefangen wird. Die Bottarga wird vornehmlich in den Monaten August und September hergestellt, wenn die Weibchen die meisten Eier tragen. Diese werden gesalzen und zwischen zwei Holzbrettern gepresst, wodurch die typische rechteckig-längliche Form entsteht. Drei bis vier Monate wird die Bottarga in einem luftigen Raum gelagert, wo sie sich in eine homogene, goldgelbe bis dunkle Masse verwandelt, deren Aroma unvergleichlich ist.

Die Bottarga wird als Antipasto in feine Streifen geschnitten auf Brot gegessen oder in Olivenöl gedünstet mit Spaghetti serviert. Für diesen Salat ist sie unverzichtbar. Um sie leichter schneiden zu können, rät unser Küchenchef, sie einige Minuten ins Tiefkühlfach zu legen.

Der Sellerie gibt dieser sehr erfrischenden Vorspeise seinen knackigen Biss und den leichten Anisgeschmack. Dieses einfache Gericht gibt Ihnen die Gelegenheit, die Vielfalt der sardischen Küche kennen zu lernen.

Selleriestangen waschen und in feine Streifen schneiden.

Tomaten häuten und in kleine Würfel schneiden.

Die Bottarga mit einem scharfen Messer in feine Streifen schneiden.

Sellerie und Tomaten

Die Zitrone auspressen, der Saft wird für die Vinaigrette benötigt.

Für die Vinaigrette: Pfeffer in eine Schüssel mahlen, Olivenöl zugießen. Den Zitronensaft zugeben. Gut verrühren.

Eine kleine Ringform in die Mitte des Tellers setzen. Eine Lage Sellerie, darauf Bottarga und Tomate in den Ring legen. Den Vorgang wiederholen und den Ring entfernen. Die Vinaigrette über den Salat gießen. Mit Sellerieblättchen garnieren.

Spaghetti mit Bottarga

Vorbereitungszeit: *10 Minuten*
Garzeit: *10 Minuten*
Schwierigkeitsgrad: ☆

Für 4 Personen

25 g	Bottarga von der Meeräsche (leider nur über ausländische Bezugsquellen erhältlich)
250 g	Garnelen
½ Bund	Petersilie
1	Knoblauchzehe
8 EL	Olivenöl
	Salz
500 g	Spaghetti

Zum Garnieren:
Petersilie

Eigentlich ist Amerigo Murgia der Meinung, man müsse schon nach Sardinien reisen, um die beste Bottarga der Welt zu kosten. Aber hier kommt sein Rezept für diejenigen, die sich den unvergleichlichen Geschmack nach Hause holen möchten. Die sardische Spezialität wird aus dem getrockneten und gesalzenen Rogen der Meeräsche zubereitet und ist bei den Insulanern außerordentlich beliebt. Die jodhaltige Bottarga adelt dieses maritime Gericht mit Spaghetti und Garnelen.

Früher wurde die *bottarga di muggine*, die für die sardische Küste typisch ist, nur im Winter gegessen. Hierzulande ist sie nicht so leicht, auf Sizilien dagegen das ganze Jahr über im Feinkosthandel erhältlich. Sie sollte die Farbe von Bernstein haben. Ist sie zu hell, sind die Eier nicht ausreichend getrocknet, eine zu dunkle Farbe verrät ein fortgeschrittenes Alter.

Gegen Ende des Sommers werden die weiblichen Meeräschen in der Bucht von Cabras ausschließlich zur Gewinnung des Rogens gefangen. Dieser wird gesalzen und zwischen zwei Holzbrettern gepresst. In einem luftigen Raum reift die Bottarga drei oder vier Monate zu einer homogenen Masse. Daher hat der »sardische Kaviar« seine rechteckige Form.

Die Bottarga wird häufig mit langen Nudeln wie Spaghetti oder Linguine serviert. Die Zubereitung ist einfach, und das Gericht wird als Vorspeise oder Hauptgericht serviert.

»Das Paradies der Fischer« werden die sardischen Gewässer wegen ihrer Reinheit und der Fülle an Fisch, Weich- und Schalentieren genannt. Man sagt, es reiche bereits, eine Hand ins Wasser zu halten, und schon könne man Tintenfische, Krabben und Garnelen herausholen.

Die Bottarga mithilfe einer Reibe fein reiben.

Garnelen pulen und jeweils in drei Stücke teilen. Petersilie waschen und fein hacken. Knoblauchzehe schälen und zerdrücken.

Olivenöl in einer großen Pfanne erhitzen. Knoblauch und Petersilie, dann die Garnelenstücke zugeben. Kurz anbraten.

und Garnelen

Wasser in einem großen Topf zum Kochen bringen, Salz zugeben. Spaghetti hineingeben und etwa 9 Minuten kochen.

Die abgegossenen Spaghetti in die Pfanne geben und gut mit den Garnelen mischen.

Bottarga dazugeben und gut mit den Spaghetti mischen. Portionsweise auf Tellern anrichten und mit Petersilie garnieren.

Spaghetti mit Kaninchen

Vorbereitungszeit: *20 Minuten*
Garzeit: *1 Stunde 10 Minuten*
Schwierigkeitsgrad: ⁂

Für 8 Personen

4	Kaninchenköpfe
	Olivenöl
3	mittelgroße Zwiebeln
3	Lorbeerblätter
2 oder 3	kleine Chilischoten
8	Knoblauchzehen

200 g	Tomatenmark
500 g	geschälte Tomaten aus der Dose
	Salz
	Pfeffer
4	Kaninchenlebern
4	Kaninchennieren
50 g	Möhren
50 g	frische grüne Erbsen, enthülst
600 g	Spaghetti
	geriebener Parmesankäse

Im Jahr 1530 schenkte Kaiser Karl V. den Rittern des Johanniterordens die Insel Malta. Sie errichteten dort den Sitz ihres Ordens, bauten Kirchen, Festungen und Paläste und gründeten die Hauptstadt Valletta. Zu der Zeit wimmelte es auf der Insel von Kaninchen. Um diesen Fleischvorrat für sich selbst zu sichern, erließen die Ritter ein Jagdverbot für die Bevölkerung. Jeder Wilddieb, der sich dem Verbot widersetzte, wurde auf eine Galeere verbannt.

Diese Spaghetti mit dem maltesischen Namen *spaghetti bizzalza tal-fenek* verwerten die Reste und Innereien, die bei der Zubereitung des *fenek moqli* übrig bleiben. Das köstliche Kaninchenragout ist das maltesische Nationalgericht.

Eine Brühe aus Kaninchenköpfen bildet die Grundlage für die Sauce. Die zerteilten Köpfe werden mit Zwiebeln und Lorbeerblättern zusammen gekocht. Sie können nach Geschmack noch Rosmarin dazugeben. Wenn die Bouillon fertig ist, kann man sie direkt in die Sauce abseihen oder erst abgießen und dann zur Sauce geben.

Die maltesischen Tomaten sind genauso schmackhaft wie die italienischen und werden daher in der täglichen Küche gern benutzt. Es gibt sogar lokale Sorten wie die wahrlich riesenhafte, gerippte »Rindertomate«. Die Malteser verwenden diese Sorte für die Zubereitung des *hobz biz-zejt*, ein Sandwich aus rustikalem Landbrot mit Tomaten, Minze, Kapern und Olivenöl.

Da Malta nur 93 Kilometer von Sizilien entfernt liegt, sind die Malteser natürlich auch große Spaghetti-Liebhaber. Man findet in den lokalen Geschäften eine Vielzahl von Nudelvarianten, die den italienischen sehr ähnlich sind.

Servieren Sie die Spaghetti sehr heiß in der Sauce, mit Olivenöl beträufelt und großzügig mit Parmesan bestreut.

Kaninchenköpfe zerteilen und 5 Minuten im Öl bräunen. 1 gehackte Zwiebel zufügen und noch einige Minuten braten.

Die Köpfe mit kaltem Wasser aufgießen. Lorbeerblätter zufügen. Zum Kochen bringen und 45 Minuten köcheln lassen.

Während die Bouillon kocht, 2 gehackte Zwiebeln, Chilischoten und Knoblauch anbraten. Tomatenmark zufügen und 3 Minuten unter Rühren kochen. Die zerdrückten Tomaten zufügen, salzen, pfeffern und 3–4 Minuten kochen.

Die Kaninchenbouillon durch ein feines Sieb abseihen und zur Sauce gießen.

Leber, Nieren und Möhren in kleine Würfel schneiden, mit den Erbsen zur Sauce geben und 8 Minuten kochen.

Währenddessen die Spaghetti 8 Minuten sprudelnd kochen. Abgetropfte Spaghetti und Sauce mischen, in einer Schüssel anrichten, mit Olivenöl und Parmesan bestreuen und heiß servieren.

Überbackene

Vorbereitungszeit: *40 Minuten*
Garzeit: *25 Minuten*
Schwierigkeitsgrad: ☆

Für 4 Personen

300 g	Mangoldblätter
400 g	*brocciu* (korsischer Frischkäse, ersatzweise Ziegenfrischkäse)
2	Eier
	Salz und Pfeffer
3 Prisen	getrocknete *népita* (wilde Minze)

25 g	Paniermehl
100 g	Mehl
100 g	*tomme* (korsischer Käse), gerieben

Tomatensauce:

½	Zwiebel
25 ml	Olivenöl
1	Knoblauchzehe
½ Bund	Petersilie
4	Tomaten
	Salz
	Pfeffer

Die korsische Küche ist vor allem eins: gehaltvoll. Auf dieser wunderbaren Insel haben die Frauen immer schon die herrlichsten Gerichte aus dem zubereitet, was das Land hergab. Die *storzapretti*, wörtlich: »Erstick den Pfarrer«, folgen dieser Tradition. Eine Legende besagt, dass das Gericht nach einem Pfarrer benannt wurde, der jeden Tag eine große Menge dieser vegetarischen Klößchen verdrückte.

Dieses Gericht, das im Handumdrehen zubereitet ist, wird traditionell als Vorspeise gereicht. Wenn Sie es als Hauptgericht servieren möchten, sollten Sie die Mengen verdoppeln.

In diesem Rezept beweist der berühmte *brocciu*, der typische Käse Korsikas, seinen milden Geschmack und seine cremige Konsistenz. Er wird auch heute noch per Hand hergestellt und kann für dieses Gericht durch Ziegenfrischkäse ersetzt werden.

Der Mangold darf in diesem Gericht eine der Hauptrollen spielen. Einige Minuten blanchiert und dann fein geschnitten, gehen die Mangoldblätter eine harmonische Verbindung mit dem Frischkäse ein. Dieses Gemüse wird seit jeher in den kleinen Gärten des Hinterlandes kultiviert und ab dem Frühjahr auf den regionalen Märkten verkauft. Wählen Sie die jungen Blätter, die einen milderen Geschmack haben. Sie müssen vor Gebrauch sorgfältig gewaschen werden. Das Rezept kann statt mit Mangold auch mit Spinat zubereitet werden.

Die Storzapretti wird mit *népita* gewürzt, einer wilden Minze, die leicht scharf schmeckt und das Aroma der Macchia in diesem Gericht lebendig werden lässt. Als krönender Abschluss werden die Klößchen mit korsischem *tomme* (alternativ: Manchego) überbacken. Dieser Schafskäse hat einen kräftigen Geschmack und unterstreicht damit die ländlichen Wurzeln dieser Spezialität.

Mangoldblätter waschen und Stiele entfernen. Salzwasser in einem großen Topf erhitzen. Mangoldblätter in das kochende Wasser geben und 2 Minuten kochen. Abtropfen lassen. Blätter klein schneiden.

Sauce: Halbe Zwiebel in Olivenöl anbraten. Zerdrückten Knoblauch, gehackte Petersilie und zerkleinerte Tomaten zufügen. Salzen und pfeffern. 20 Minuten bei schwacher Hitze köcheln, gelegentlich umrühren.

Frischkäse, geschnittenen Mangold und Eier in einer Schüssel mischen und salzen und pfeffern. Mit Minze und Paniermehl bestreuen, alles gut vermengen.

Mangold-Käse-Klößchen

Mithilfe eines kleinen Löffels Klößchen abstechen und in Mehl wenden.

In einem großen Topf Salzwasser erhitzen. Wenn das Wasser kocht, die Klößchen mit einer Schaumkelle vorsichtig hineingeben. Sobald sie zur Oberfläche steigen, herausnehmen.

Tomatensauce in eine Auflaufform gießen, die Klößchen darauf setzen. Mit Tomme bestreuen. 5 Minuten bei 200 °C backen. In der Auflaufform servieren.

Thunfisch mit

Vorbereitungszeit: *30 Minuten*
Einweichzeit: *12 Stunden*
Garzeit: *1 Stunde 5 Minuten*
Schwierigkeitsgrad: ☆

Für 4 Personen

200 g	gesalzener Thunfisch (ersatzweise Thunfischcarpaccio)
100 ml	Olivenöl
4	kleine Scheiben Brot

Kichererbsencreme:

200 g	Kichererbsen
3	Knoblauchzehen
½ Bund	glatte Petersilie
4	Sardellenfilets in Öl
	Olivenöl
	Salz, Pfeffer

Tomatensalat:

2	große Tomaten
8	Basilikumblätter
½ Bund	glatte Petersilie
½	rote Zwiebel
3	Knoblauchzehen
1 EL	Kapern
	Olivenöl
	Salz, Pfeffer

Zum Garnieren:

Rucolablätter

In seinem Restaurant »*Il Re del Pesce*« (König der Fische) in Marsascala hat sich Michael Cauchi auf Fisch und Meeresfrüchte spezialisiert. Als Vorspeise empfiehlt er Scheiben von gesalzenem Thunfisch mit einer kräftigen Creme von Kichererbsen und Sardellen sowie gegrilltem Brot mit Tomatensalat.

Der Thunfisch ist einer der in maltesischen Gewässern am häufigsten gefangenen Fische. Unser Küchenchef bereitet ihn gern frisch im Ofen mit einer süß-sauren Sauce mit Kapern zu. Hier allerdings kommt die gesalzene Variante. Dieser Thunfisch wird am Stück oder bereits in Scheiben geschnitten verkauft. Er wird nicht gekocht und passt besonders gut zu kaltem Gemüse.

Die Kichererbsen werden über Nacht eingeweicht, 1 Stunde gekocht und dann im Mixer püriert. Geben Sie so viel Kochwasser dazu, dass eine cremige Konsistenz entsteht. Um die Einweichzeit zu sparen, können Sie bereits küchenfertig vorgekochte Kichererbsen in der Dose kaufen. Diese im Maghreb außerordentlich beliebten Hülsenfrüchte sind im Laufe diverser Invasionen nach Malta gelangt.

Michael Cauchi serviert seinen Tomatensalat auf original maltesischem Brot, dem *hobza*. Dies ist eine gastronomische Version einer weit verbreiteten Köstlichkeit auf Malta, dem *hobz-biz-zejt*, einem in Öl getauchten Brot, das üblicherweise als Snack auf der Straße oder als Kleinigkeit an der Bar gegessen wird. Sie können dafür Baguette oder Ciabatta verwenden.

Garnieren Sie die Vorspeise mit Rucolablättern und scheuen Sie sich nicht, alles mit reichlich Olivenöl zu beträufeln.

Kichererbsencreme: Kichererbsen über Nacht einweichen, abspülen und 1 Stunde sprudelnd kochen. Abtropfen und im Mixer mit etwas Kochwasser zu einer glatten Creme verarbeiten.

Knoblauch schälen, Knoblauch, Petersilie und Sardellenfilets hacken und zur Kichererbsencreme geben. Einen Spritzer Öl, Salz und Pfeffer zugeben und gut vermischen. Kühl stellen.

Tomatensalat: Tomaten häuten und in kleine Würfel schneiden. Basilikum und Petersilie fein hacken. Rote Zwiebel und Knoblauch schälen und fein hacken. Kapern klein schneiden. Alle Zutaten in eine Schüssel füllen.

Kichererbsencreme

Tomatensalat mit einem Spritzer Öl begießen, salzen, pfeffern. Gut durchmischen.

Brotscheiben im Ofen grillen und mit Tomatensalat belegen.

Thunfisch in feine Scheiben schneiden. 2–3 Scheiben Thunfisch auf einen Teller legen, ein Brot mit Tomatenmischung daneben setzen und etwas Kichererbsencreme zufügen. Mit Olivenöl beträufeln und kühl servieren.

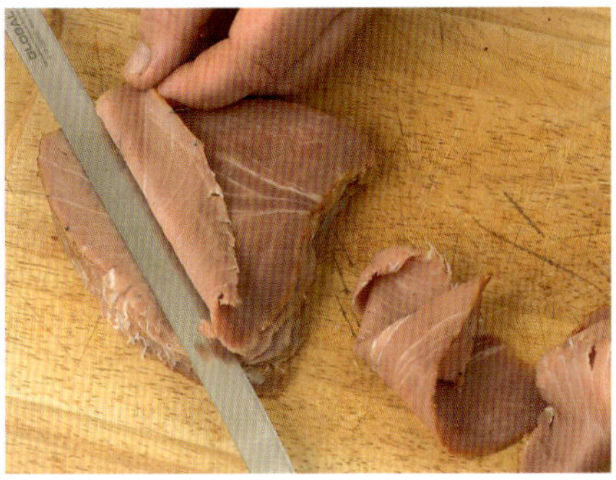

Suppen

Aljotta

Vorbereitungszeit: *35 Minuten*
Garzeit: *50 Minuten*
Schwierigkeitsgrad: ★★

Für 4 Personen

2	Möhren
2	Zwiebeln
3	Lorbeerblätter
2 kg	frischer Fisch (Drachenkopf, Rötling, kleiner Zackenbarsch o. Ä.)
	Pfeffer
2 EL	Olivenöl
4	Tomaten
5–6	frische Basilikumblätter
2–3 Zweige	frischer Majoran
5–6	frische Minzeblätter
100 g	Langkornreis
	Salz

Im Sommer bereiten die Malteser köstliche Suppen aus dem großen Angebot an frischem Fisch zu. Die Aljotta ist eine nahe Verwandte der Bouillabaisse aus Marseille, wird aber ohne Krustentiere hergestellt. Sie erhielt ihren Namen vom italienischen Wort *aglio* für Knoblauch, der normalerweise reichlich enthalten ist.

Dieses alte Rezept wurde ursprünglich entwickelt, um Fischreste zu verarbeiten. Je nach Geschmack fügte man Tomaten, Paprika, Majoran und andere aromatische Kräuter, Knoblauch und Reis hinzu. Michael Cauchi ersetzt den Knoblauch weitgehend durch Zwiebeln, die der Suppe eine sämigere Konsistenz verleihen. Früher wurde die Suppe in einer Tonschüssel langsam auf einem *kenur* gegart. Dieser Miniaturofen wurde mit Holzkohle beheizt.

Für die Aljotta eignen sich Drachenkopf, Rötling, Zackenbarsch oder andere Felsenfische. Die Fische werden im Ganzen gekocht und dann zerlegt. Kopf und Gräten gibt man wieder zur Bouillon, die bis auf die Hälfte eingekocht wird. Diese Methode ergibt einen sehr aromatischen Fond. Wenn Sie es einfacher mögen, verwenden Sie fertige Fischfilets, die nur kurz gegart werden müssen.

Die Bouillon wird mit Möhre, Lorbeerblättern und Zwiebeln gewürzt und verträgt auch eine Selleriestange.

Für die letzte Zutat, den Reis, benötigen Sie etwa 20 Minuten. Der Reis darf dabei nicht trocken werden, evtl. muss Wasser zugegeben werden. Die gegarten Fischstücke werden zuletzt zugegeben.

1 geschälte und in Stücke geschnittene Möhre, 1 Zwiebel in Ringen, die Lorbeerblätter und Fischfilets in einem großen Topf mit Wasser bedecken und pfeffern. Das Wasser erhitzen und 3–4 Minuten sprudelnd kochen.

Die Bouillon abschäumen, den Fisch mit einem Schaumlöffel herausheben und auf einen Teller geben. Die Bouillon beiseite stellen.

1 gehackte Möhre mit 1 fein gehackten Zwiebel in einem großen Topf mit etwas Öl 5 Minuten anbraten. Die fein gehackten Tomaten zufügen und unter ständigem Rühren dünsten, bis die Konsistenz einer Sauce erreicht ist.

Das Basilikum, den Majoran und die Minze grob hacken und zur Sauce geben. Die Sauce mit der abgeseihten Bouillon auffüllen und aufkochen.

Den Reis in die kochende Suppe geben und diese mit Salz und Pfeffer abschmecken. Ca. 20 Minuten kochen, bis der Reis gar ist.

Die Fischstücke zugeben. Die Suppe abschmecken und sofort servieren.

Krebssuppe

Vorbereitungszeit: *40 Minuten*
Garzeit: *40 Minuten*
Schwierigkeitsgrad: ★★

Für 4 Personen

4	Selleriestangen
1	Möhre
1	Zwiebel
12	kleine Felsenkrabben
	Salz
	Pfeffer

4	Knoblauchzehen
2 EL	Fenchelkraut, gehackt
100 ml	Olivenöl
2 EL	Tomatenmark
4–5 Zweige	Petersilie
2	kleine Gläschen Anisette

Die *soppa tal-grottli* gehört zu den traditionellen Rezepten der Insel. Sie ist nahrhaft und geschmackvoll und war früher ein regelrechtes Arme-Leute-Essen. Heute bieten einige renommierte Küchenchefs ihren Gästen die Möglichkeit, die ursprüngliche maltesische Küche zu entdecken. Bis vor zehn Jahren musste man in einer kleinen Dorfbar einkehren oder das Glück haben, bei Einheimischen eingeladen zu werden, um diese Köstlichkeiten zu probieren.

Dieses Rezept hat seinen Namen von den *grottli*, den kleinen Felsenkrabben mit dickem, behaartem Panzer und großen Scheren. Sie haben nur wenig Fleisch und werden daher meist für die Zubereitung von Suppen genutzt, denen sie ein intensives Aroma verleihen. Die Malteser fangen die Krebse nachts am Strand mit einem gabelförmigen Stock.

Es ist wichtig, dass die Suppe nach dem Mixen sorgfältig durch ein Sieb abgegossen wird, um alle Reste der Krebspanzer zu entfernen. Mit der Rückseite eines Löffels drückt man die Suppe dabei durch das Sieb, um die größte Ausbeute an Krebsfleisch und Aroma zu erhalten. Das Abgießen kann in einen zusätzlichen Topf oder direkt in die Tomatensauce erfolgen.

Das Tomatenmark, das an den angebratenen Knoblauch gegeben wird, verleiht der Suppe den fruchtigen Geschmack. Wenn die Tomatensauce mit der abgeseihten Suppe aufgefüllt ist, gibt man im letzten Augenblick den Anisette dazu. So bleibt das Aroma erhalten, das sich bei längerem Kochen leicht verflüchtigen würde.

Selleriestangen in Stücke schneiden und die Blätter grob hacken. Die Möhre und die Zwiebel schälen, die Möhre in Stücke schneiden und die Zwiebel hacken.

Krebse in einen großen Topf geben, mit Wasser bedecken und das vorbereitete Gemüse mit etwas Salz und Pfeffer zugeben. Die Suppe erhitzen und 30 Minuten kochen.

Gemüse und Krebse aus der Bouillon nehmen und auf einen Teller legen. Krebsscheren beiseite legen.

Gemüse und Krebse nach und nach in den Mixer geben und gründlich mixen, bis eine glatte Suppe von grünlicher Farbe entstanden ist.

Die Suppe in ein feines Sieb geben und sorgfältig abseihen. In einem großen Topf den Knoblauch und das Fenchelkraut in Öl anbraten und das Tomatenmark und die gehackte Petersilie zufügen.

Die Suppe zur Tomatensauce geben und erhitzen. Zum Schluss Anisette zufügen und die Suppe mit Olivenöl, etwas Petersilie und den Krebsscheren garnieren.

Kalte Gemüse-

Vorbereitungszeit: *45 Minuten*
Garzeit: –
Einweichzeit: *8 Stunden*
Schwierigkeitsgrad: ⭑

Für 4 Personen

2	Frühlingszwiebeln
1	Zwiebel
500 g	reife Tomaten
2	längliche grüne Paprika
150 g	geschälte Mandeln
	Salz
1 TL	Paprikapulver
200 ml	natives Olivenöl extra
50 ml	Weißweinessig

Auf den Balearen ist der *trampó* eines der beliebtesten ländlichen Gerichte. Dabei ist er in seiner traditionellen Variante eigentlich ein Salat aus Paprika, Tomaten, Zwiebeln und Oliven, der gern zu gebackenem Fisch gereicht wird. Ausgehend von diesem Rezept hat Oscar Martínez Plaza eine kreative Variante entwickelt: Er püriert die Zutaten und mischt sie mit Mandelmilch. Die kalte Suppe garniert er mit Gemüsewürfeln – eine augenzwinkernde Hommage an das Originalrezept.

Für diese Suppe verwendet unser Küchenchef die typischen mallorquinischen Gemüsesorten. Die größte Baleareninsel ist besonders für ihr frühes Gemüse berühmt, das zu den kleinen Dorfmärkten und in die Markthalle *Mercat Olivar* in Palma nur kurze Strecken zurücklegen muss und daher immer frisch angeboten wird.

Tomaten werden auf Mallorca auf über tausend Hektar angebaut und auf eine besondere Art getrocknet: Aufgefädelt und zu einem Strauß gebunden, werden sie an Hauswänden zum Trocknen aufgehängt.

Es ist nicht ungewöhnlich, den traditionellen *trampó* mit Mandeln zu kombinieren, denn diese wachsen auf den Balearen in Hülle und Fülle. Die arabischen Eroberer, die vom 8. bis zum 13. Jahrhundert über die Balearen herrschten, entwickelten den Mandel- und Feigenanbau. Die mallorquinischen Mandeln sind nicht besonders groß, aber sie haben einen intensiven Geschmack. Sie müssen mit dem Gemüse eingeweicht werden, damit sie saftig geraten und leicht zerkleinert werden können.

Gemüse waschen, Frühlingszwiebeln und die geschälte Zwiebel hacken, Tomaten vierteln. Paprika entkernen und in Stücke schneiden. Von jedem Gemüse etwas zum Garnieren beiseite stellen.

Gemüse und Mandeln in einer Schüssel mit Wasser bedecken und 8 Stunden einweichen. Einige Mandeln zum Garnieren zurückbehalten.

Wasser abgießen und Gemüse mit Mandeln im Mixer zerkleinern, bis eine glatte Creme entstanden ist.

Mandel-Suppe

Etwas Salz, Paprikapulver, 150 ml Olivenöl und den Essig zugeben und nochmals mixen.

Die Suppe durch ein feines Sieb geben.

Das Gemüse zum Garnieren in kleine Würfel schneiden, salzen und den Rest Olivenöl zugeben. Die Suppe in tiefen Tellern anrichten und mit Gemüsewürfeln und Mandeln bestreuen.

Suppe mit Dicken Bohnen

Vorbereitungszeit: *25 Minuten*
Garzeit: *1 Stunde 10 Minuten*
Schwierigkeitsgrad: ✭

Für 4 Personen

250 g	frische Dicke Bohnen
100 g	frische grüne Erbsen
2	mittelgroße Zwiebeln
3	Knoblauchzehen
50 ml	Maiskeimöl
50 g	Butter
100 g	Tomatenmark
1	Lorbeerblatt
1 l	Rinderbrühe
250 g	kleine Nudeln
	Salz
	Pfeffer
	Parmesan

Seit Jahrhunderten essen die Malteser in der Osterzeit *kusksu*, wenn die Dicken Bohnen und die jungen Erbsen ganz zart sind. Das Besondere an dieser Suppe sind die kleinen Nudeln, die nur von einem einzigen Unternehmen hergestellt werden. Die Produktionsmenge der Nudelfabrik ist so gering, dass diese Spezialität nicht exportiert wird. Sie können sie durch türkische Reisnudeln oder italienische *acini di pepe* ersetzen.

Auf Malta gibt es zu jeder Jahreszeit Suppe: Im Sommer bevorzugt man leichte Fischsuppen, im Herbst dicke Eintöpfe mit lokalem Gemüse. Viele Gemüsebauern haben nur wenig Land, das sie liebevoll bestellen. Eine Vielzahl dieser frischen Köstlichkeiten wird auf den kleinen Dorfmärkten angeboten, findet aber auch den Weg auf den großen Markt in der Merchants Street in Valletta.

In diesem Rezept brät Johann Chetcuti Zwiebeln und Knoblauch in Butter und Maiskeimöl an. Im Gegensatz zu den mediterranen Nachbarn verwenden die Malteser nicht ausschließlich Olivenöl zum Kochen, denn auf der Insel wachsen so wenige Olivenbäume, dass eine Ölherstellung in großem Stil gar nicht möglich ist.

Die Suppe wird mit gehobeltem oder fein geschnittenem Parmesan garniert. Wer es noch etwas gehaltvoller mag, kann einige Esslöffel Ricotta oder sehr frischen Ziegenkäse unterrühren.

Dicke Bohnen und Erbsen enthülsen. Zwiebeln und Knoblauchzehen schälen, hacken und 5 Minuten in einer Mischung aus Maiskeimöl und Butter anbraten.

Das Tomatenmark zufügen und 3 Minuten unter Rühren kochen.

Das Lorbeerblatt und die Rinderbrühe zugeben und aufkochen.

und Nudeln

Dicke Bohnen und Erbsen in die kochende Brühe geben und 30 Minuten köcheln lassen.

Nach 30 Minuten die Nudeln zufügen und weich kochen (ca. 20 Minuten). Mit Salz und Pfeffer abschmecken.

Zum Schluss den geriebenen Parmesan unterrühren. Die Suppe in eine Schüssel füllen und mit gehobeltem Parmesan garnieren.

Fischsuppe aus Bastia

Vorbereitungszeit: *35 Minuten*
Garzeit: *1 Stunde 45 Minuten*
Schwierigkeitsgrad: ★

Für 4 Personen

800 g	Garnelen
1	Seespinne
400g	Fisch für die Bouillon (Meeräsche, Merlan, Meeraal o. Ä.)
100 ml	Weißwein
100 g	Frühlingszwiebeln

800 g	Miesmuscheln
¼	Fenchelknolle
½ Bund	Petersilie
4	Knoblauchzehen
60 ml	Olivenöl
25 g	Tomatenmark
	Salz
	Pfeffer
1 g	Safran
400 g	Fischfilet (Seewolf, Zahnbrasse, Katzenhai o. Ä.)
40 ml	Sahne
1 Zweig	frische Minze

Diese Fischsuppe ist ein typisches Gericht der korsischen Küstenregion. Sie ist gehaltvoll und wird wie die Bouillabaisse mit Fisch und Schalentieren zubereitet, deren Zusammenstellung je nach Fang variieren kann. Sie ist leicht zubereitet, benötigt aber eine längere Garzeit.

Die »Insel der Schönheit« verdankt diese maritime Spezialität der Stadt Bastia. Die Fischerei ist hier immer noch ein Handwerk, Schleppnetzfischer sind die Ausnahme. Im Hafen laden kleine Boote, nur mit Netz und Takelbaum ausgerüstet, ihren erstklassigen Fang aus: Petersfisch, Knurrhahn, Seewolf, Drachenkopf, Meeräsche, Katzenhai und viele weitere Delikatessen landen frisch auf dem Markt. Selbst Langusten werden hier gefangen, und zwar in Reusen aus Weidengeflecht.

Traditionell verwenden die Korsen kleine Krebse und Felsenfische für diese Suppe. Zusammen mit Olivenöl, Knoblauch, Zwiebeln, Fenchel und Tomaten werden sie zerkleinert und verleihen der Bouillon ihre unvergleichliche Vielfalt an Aromen. Unser Küchenchef hat eine Seespinne zugefügt. Dieser Krebs ist an seinem stacheligen Panzer und den sehr langen Scheren zu erkennen.

Zu all den Köstlichkeiten des Meeres gesellt sich Safran, das teuerste Gewürz der Welt. Eine genaue Dosierung ist wichtig, da die feinen Blütenfäden leicht bitter schmecken.

Um den etwas scharfen Geschmack der wilden korsischen Minze nachzuahmen, kann etwas Chilipulver zugegeben werden.

Garnelen schälen, die Schalen und Köpfe aufbewahren. Die Seespinne aufschneiden, die Flüssigkeit aus dem Kopf auffangen. Fische für die Bouillon in Stücke schneiden.

Den Weißwein mit ½ gehackten Zwiebel und den gesäuberten Muscheln in einen großen Topf geben und kochen, bis die Muscheln geöffnet sind. Muschelfleisch auslösen und den Kochsud aufbewahren.

Den in Streifen geschnittenen Fenchel, die gehackte Petersilie, restliche Zwiebeln und den zerdrückten Knoblauch in Olivenöl anbraten.

Das Tomatenmark, die Garnelenschalen und -köpfe sowie die Fische für die Bouillon und die Seespinne zufügen und mit einem Holzlöffel leicht stampfen.

Den Kochsud der Muscheln und die Flüssigkeit der Seespinne zufügen und mit Wasser aufgießen, bis alle Teile bedeckt sind. 1 bis 1½ Stunden kochen. Mit Salz und Pfeffer abschmecken und durch ein feines Sieb geben.

Die abgeseihte Bouillon mit Safran bestäuben. Muscheln, das in Stücke geschnittene Fischfilet und Garnelen zufügen und 2 Minuten kochen. Sahne und gehackte Minze zufügen und die Suppe in tiefen Tellern heiß servieren.

Langustensuppe

Vorbereitungszeit: *45 Minuten*
Garzeit: *45 Minuten*
Schwierigkeitsgrad: ★★

Für 4 Personen

1	Languste (ca. 1½ kg)
200 ml	Olivenöl
200 ml	Weinbrand
2½ l	Fischfond
1	Zwiebel
1	Knoblauchzehe
1	Tomate

Majado-Paste:

150 g	geschälte Mandeln
	Olivenöl
2	Knoblauchzehen
1 Zweig	Petersilie
1 Zweig	frischer Thymian
2–3 Scheiben	Brot, in Würfel geschnitten und in Olivenöl geröstet
100 ml	Kräuterlikör
	Corail der Languste

Toast:

8 Scheiben	getoastetes Brot
1	Knoblauchzehe
50 g	rotes Schmalz

Die Insel Menorca ist berühmt für ihre Langustensuppe, deren Rezept ihren Ursprung in der Bucht von Cala Fornells an der Nordküste hat.

Entlang der felsigen Küsten der Insel ernähren sich die Langusten von Meeresfrüchten, die ihrem Fleisch den aromatischen Geschmack verleihen. Strikte Schutzbestimmungen wurden für den Fang erlassen: Nur von Mai bis September dürfen Langusten mit einer Mindestlänge von 20 cm gefangen werden.

Um die lebende Languste zu zerteilen, setzen Sie sie auf ein Schneidbrett und halten sie mit einem mehrfach gefalteten Handtuch am Kopf fest. Mit der anderen Hand trennen Sie den Kopf ab. Aus dem abgetrennten Kopf, den Sie in Scheiben zerteilen, gewinnen Sie das Corail, das Sie in eine Schüssel geben. Es gibt der Bouillon Farbe und Aroma.

Die Bouillon wird aus Felsenfischen hergestellt, die mit Tomaten, Zwiebeln und Knoblauch angebraten und gekocht werden. Alternativ kann ein fertiger Fischfond als Grundlage dienen.

Majado ist eine Paste aus Mandeln, die mit Kräuterlikör verfeinert wird. Dieser lokale Likör hat eine grünliche Farbe und ein Aroma, in dem man Anis, Rosmarin, Majoran, Lindenblüten, Kamille, Fenchel und Minze erkennen kann.

Auf Menorca genießt man die Langustensuppe mit Toast, der mit rotem Schweineschmalz bestrichen wird. Die Farbe erhält das Schmalz von Paprika und Tomatenmark.

Mandeln in Olivenöl braten und beiseite stellen. Den Kopf der Languste auf einem Schneidbrett abtrennen und das Corail auslösen. Den Schwanz in kochendem Wasser blanchieren und das Fleisch aus der Schale lösen.

200 ml Olivenöl in einem großen Topf erhitzen und die Langustenscheiben anbraten. Die Langustenstücke mit Weinbrand begießen und flambieren. Die Pfanne 2–3 Minuten schwenken, bis die Flammen erloschen sind.

Fischfond mit der Zwiebel, dem Knoblauch und der Tomate 10 Minuten köcheln lassen. Den Fond in die Pfanne gießen und 15 Minuten kochen.

aus Menorca

Majado: Knoblauch, Petersilie, Thymian, Brot, Mandeln und Kräuterlikör in einem Mörser stampfen. Das Corail der Languste zufügen und stampfen, bis eine homogene Paste entsteht.

Den Majado zu den Langustenscheiben und dem Fond geben und gut rühren. Einige Minuten sprudelnd kochen, weiterrühren.

Toast: Das Brot mit Knoblauch abreiben und mit Schmalz bestreichen. Die Bouillon in tiefe Teller geben, je eine Langustenscheibe in die Mitte legen und Fleisch darauf geben. Mit gerösteten Brotwürfeln und Kräutern garnieren.

Wurstsuppe

Vorbereitungszeit: *30 Minuten*
Garzeit: *3 Stunden 20 Minuten*
Schwierigkeitsgrad: ★★

Für 4 Personen

1	rote Paprika
1	grüne Paprika
3	Tomaten
2	Knoblauchzehen
1	Zwiebel
½	Weißkohl
100 g	Mangold
100 g	Spinat
1 EL	Paprikapulver

100 g	Schweineschmalz
1 Bund	glatte Petersilie
1 l	klare Brühe
100 g	Brot in Scheiben

Fleisch:

500 g	Schweineschmalz
400 g	Speck
3	Knoblauchzehen
2–3 Zweige	frischer Thymian
1	*sobrasada* (mallorquinische Wurst, ca. 250 g)
1	Butifarron (mallorquinische Wurst, ca. 250 g)
25 ml	Olivenöl

Die Bewohner der Balearen züchten schon seit Urzeiten Schweine. Im Dezember werden in Matanççes, woher dieses Rezept stammt, zum Fest der Ferkel Innereien und Fleisch gebraten und verzehrt. Aus den Resten macht man Würste und Blutwürste, die rustikale Gerichte verfeinern, wie diese *sopes escaldades de Matançes.*

Die örtlichen Schweinerassen haben schwarze Borsten und ein schmackhaftes Fleisch, da sie in Wäldern und Olivenhainen leben und sich von Eicheln, Feigen, Johannisbrot und Oliven ernähren. Die importierten Schweinerassen mit rosa Haut werden auf den Balearen weniger geschätzt.

Der Gemüseanbau profitiert vom günstigen Klima der Inseln, und so gibt es auf den einheimischen Märkten eine reiche Auswahl an frischer Ware. Für diese Suppe werden Paprika, Knoblauch, Zwiebeln und Tomaten in Schmalz angebraten. Eine lokale Spezialität ist das rote Schmalz, das seine Farbe von den zugegebenen Gewürzen erhält.

Für dieses Gericht werden die Würste in der Pfanne gebraten. Die Streichwurst *sobrasada*, die aus Schweinefleisch, Speck, Paprika, Salz, Pfeffer und Gewürzen hergestellt wird, ist in Feinkostgeschäften erhältlich, kann aber auch durch feine Bratwurst ersetzt werden. Die mallorquinische Blutwurst wird aus Schwarte, Kopf, Blut und Schweinefleisch hergestellt und pikant gewürzt.

Die Suppe wird mit kräftigem Roggenbrot serviert, das in einen tiefen Teller gelegt und mit Suppe übergossen wird.

Suppe: Paprika und Tomaten entkernen und würfeln. Den Knoblauch und die Zwiebel schälen und hacken. Den Kohl, den Mangold und den Spinat in große Stücke schneiden.

Knoblauch, Paprika, Tomate, Zwiebel und Paprikapulver in Schmalz anbraten und kurz umrühren, dann die klare Brühe zugeben. Aufkochen und 10 Minuten köcheln lassen.

Kohl, Mangold, Spinat und Petersilie zufügen und 3–4 Minuten köcheln lassen.

aus Matanças

Die Gemüseblätter mit einem Schaumlöffel aus der Bouillon heben und auf einen Teller legen.

Fleisch: Das Schmalz in Flöckchen in eine Auflaufform geben und Speck, den halbierten, nicht geschälten Knoblauch und Thymian zugeben. Mit Backpapier abdecken und bei 120 °C 3 Stunden im Ofen garen.

Die Würste in Stücke schneiden und in etwas Öl braten. Je 1 Scheibe Brot mit Gemüseblättern bedeckt in einen tiefen Teller legen. Die Wurst und die Speckstücke daneben setzen und mit Bouillon übergießen.

Ziegeneintopf

Vorbereitungszeit: *30 Minuten*
Garzeit: *1 Stunde 55 Minuten*
Schwierigkeitsgrad: ★

Für 4 Personen

800 g	Ziegenkeule
1	Möhre
1	Selleriestange
½	Zucchini
1	Thymianzweig
1	Lorbeerblatt
80 g	*xinochondro*
80 ml	Olivenöl
½	Zitrone
300 g	Tomaten, gehäutet und püriert
	Salz
	Pfeffer
25 g	Joghurt
4	Minzeblätter

Über Jahrhunderte hinweg waren Schafe und Ziegen die bevorzugten Fleischlieferanten auf Kreta. Die einheimische Ziege lebt frei auf den hoch gelegenen Weiden, deren aromatische Kräuter ihr Fleisch sehr schmackhaft, mager und bekömmlich machen.

Während das Ziegenfleisch kocht, muss es regelmäßig abgeschäumt werden. Dazu wird ein Topf mit kaltem Wasser neben den Kochtopf gestellt. Nach jedem Abschäumen wird der Schaumlöffel in das kalte Wasser getaucht. Wenn das Fleisch von guter Qualität ist, ist der Schaum weiß, nicht schmutzig-grau.

Das Gericht kann auch mit Schweinefleisch zubereitet werden, ist dann aber fettiger. Da die Suppe an sich sehr gehaltvoll ist, kann sie auch ganz ohne Fleisch auskommen.

Der *xinochondro* gibt dem Ziegeneintopf einen säuerlichen Geschmack. Sie können diese Spezialität selbst zubereiten: 1½ l Schaf- oder Ziegenmilch 3–4 Tage bei Raumtemperatur stehen lassen, bis sie eindickt, dann mit 500 g gemahlenem Weizen und Salz aufkochen. Wenn die Masse eingedickt ist, lassen Sie sie abkühlen. Mit einem Esslöffel zerteilen und in der Sonne oder im Ofen bei niedriger Temperatur trocknen.

Traditionell wird *xinochondro* im August hergestellt, er hält sich einige Monate. Die Klumpen zerdrückt man mit der Gabel, bevor sie in die Suppe gegeben werden.

Das Ziegenfleisch von Fett und Sehnen befreien und in Würfel schneiden.

Die Möhre putzen. Aus einem Stück Möhre, einem Stück Selleriestange und etwas Zucchini mit dem Thymian und dem Lorbeerblatt ein Päckchen binden. Den Rest des Gemüses würfeln und beiseite stellen.

Das Fleisch in einen großen Topf geben und mit kaltem Wasser auffüllen. Aufkochen, abschäumen und das Gewürzpäckchen zugeben. 1 Stunde 40 Minuten kochen.

mit Xinochondro

Nach Ablauf der Kochzeit das Fleisch herausnehmen. Xinochondro in das kochende Wasser geben.

Olivenöl, den Saft von ½ Zitrone und pürierte Tomaten zugeben und mit Salz und Pfeffer abschmecken.

Die Gemüsewürfel zugeben und 15 Minuten kochen. Das Fleisch zugeben und erhitzen. Die Suppe in tiefe Teller füllen und mit je 1 Esslöffel Joghurt und einem Blättchen frischer Minze garnieren.

Weizensuppe

Einweichzeit: *72 Stunden*
Vorbereitungszeit: *40 Minuten*
Garzeit: *1 Stunde 45 Minuten*
Schwierigkeitsgrad: ✯

Für 4 Personen

200 g	Weizenkörner
50 g	Kichererbsen
50 g	weiße Bohnenkerne
700 g	Kräuter (Endivie, Mangold, Estragon, Spinat o. Ä.)
	Salz
2	Knoblauchzehen
1	Zwiebel
2 EL	Olivenöl
50 g	Möhren
25 g	Selleriestange

Gewürze:

1 Zweig	Thymian
1 Zweig	Rosmarin
2 Blättchen	Majoran
1	Lorbeerblatt

dazu:

getoastetes Knoblauchbrot

Die Stadt Syrakus feiert jedes Jahr das Fest ihrer Schutzheiligen »Santa Lucia«, die den Einwohnern der Legende nach in einer großen Hungersnot beistand. Sie soll die Gebete erhört und Schiffe mit Weizenladungen gesandt haben. Ausgehungert stand die Bevölkerung vor dem Getreide, das von der Überfahrt noch nass war. Aus der Not machte man eine Tugend und erfand die Weizensuppe, die mit wilden Kräutern bereichert wurde und heute ein Wintergericht ist.

Der Weizen wird auf Sizilien seit der Antike verehrt. Er gehört zur Familie der einjährigen Gräser und wird meist zu Mehl und Grieß verarbeitet. Schon die Ägypter und antiken Griechen aßen Weizen. Die Römer machten Sizilien zur Kornkammer ihres Reiches und veränderten die Landwirtschaft auf der Insel dauerhaft. Seit dieser Zeit gedenken einige kleine Dörfer noch immer Ceres, der Göttin des Ackers.

Für dieses Rezept muss der Weizen 72 Stunden einweichen.

Die Kichererbsen und weißen Bohnen wurden dem Rezept erst später zugegeben, die Wildkräuter gehörten von Anfang an dazu. Sie können, wie unser Küchenchef vorschlägt, die schwer zu beschaffenden Wildkräuter durch junge Blätter von Spinat, Mangold und Endivien ersetzen, aber fügen Sie unbedingt auch Estragon hinzu. Diese sehr aromatische Pflanze, die in Asien heimisch ist, bereichert die Suppe mit ihrem anisartigen, leicht scharfen Aroma.

Den Weizen 72 Stunden, Kichererbsen und weiße Bohnen getrennt 12 Stunden in Wasser einweichen. Weizen (1 Stunde), Kichererbsen (1 Stunde) und weiße Bohnen (1 Stunde 30 Minuten) getrennt kochen.

Die Kräuter waschen, grob hacken und 3 Minuten in kochendem Salzwasser blanchieren. Die Blätter abtropfen lassen und nochmals hacken. Das Kochwasser beiseite stellen.

Den zerdrückten Knoblauch und die gehackte Zwiebel in Olivenöl anbraten. Die Möhren und die Selleriestange fein würfeln, zufügen und 5 Minuten dünsten.

»Santa Lucia«

Den gekochten Weizen und die Kräuter zufügen und 5 Minuten dünsten. Alles in einen großen Topf umfüllen.

Den Kochsud in den Topf füllen, aufkochen und 10 Minuten köcheln lassen.

Kichererbsen, weiße Bohnen und Gewürze zufügen und 15 Minuten köcheln lassen, dann mit Salz abschmecken. Die Suppe mit getoastetem Knoblauchbrot servieren.

Gemüsesuppe

Vorbereitungszeit: *45 Minuten*
Garzeit: *1 Stunde 40 Minuten*
Schwierigkeitsgrad: ★

Für 4 Personen

1 kg	Dicke Bohnen
200 g	junge Möhren
300 g	Kartoffeln
1	Porreestange
200 g	Mangold
300 g	Frühlingszwiebeln

100 g	Löwenzahn
200 g	durchwachsener Speck
50 ml	Olivenöl
3	Knoblauchzehen
	Salz
	gemahlener Pfeffer

Zum Garnieren:

	frische Minze
	Fenchelkraut

Die Suppe nach Dörflerart ist nicht nur ein typisch korsisches Gericht, sondern zeigt auch gleich die Vielfalt der einheimischen Landwirtschaft. Je nach Region und Jahreszeit werden unterschiedliche Gemüsesorten verwendet. Unser Küchenchef stammt aus Ortiporiu, im Herzen der Castagniccia gelegen, und gibt hier das Rezept seiner Vorfahren weiter.

Die Korsen sind als Fischer, Hirten und Bauern eng mit ihrer Insel verbunden, auf der wilde Pflanzen und Kräuter in großer Fülle gedeihen. Seit frühester Zeit sammeln die Einwohner je nach Jahreszeit und Geschmack wilden Knoblauch, Zwiebeln und Porree ebenso wie Löwenzahn und Borretsch, der dem Sauerampfer ähnlich ist. Diese Aromen verbinden sich in unserem Rezept.

Die Dicken Bohnen, die im Mittelmeerraum sehr beliebt sind, wachsen in den kleinen Gärten des Hinterlandes. Sie sind sehr nahrhaft und gehören zur Familie der Erbsen, durch die sie ersetzt werden können. Wenn sie jung sind, können sie mit der zarten Haut gegessen werden, die den weichen Kern umgibt. Wählen Sie kleine, feste Schoten ohne Flecken.

Auch Möhren, Porree und Kartoffeln tragen ihr Teil zu dieser vitaminreichen Suppe bei. In kleine Würfel geschnitten, ergänzen sie sich gut mit den Mangoldblättern, die reich an Kalium und Magnesium sind. Mangold kann durch Spinat ersetzt werden.

Die Suppe wird immer mit etwas Speck, Bauchfleisch oder Knochen vom Schinken zubereitet. In manchen Dörfern kommen außerdem Nudeln, Reis oder Brotwürfel hinein.

Dicke Bohnen enthülsen, Möhren und Kartoffeln in kleine Würfel schneiden. Porree, Mangoldblätter, Frühlingszwiebeln und Löwenzahn in Streifen schneiden.

Die Schwarte vom Speck abschneiden und beiseite stellen. Den Speck fein würfeln.

Olivenöl in einem großen Topf erhitzen, die Speckwürfel zugeben und glasig dünsten, dann die Frühlingszwiebeln zufügen.

nach Dörflerart

Den Porree zugeben und einige Minuten dünsten.

Gemüse mit Wasser auffüllen, die Schwarte und den zerdrückten Knoblauch zugeben und aufkochen.

Das restliche Gemüse zufügen, salzen und pfeffern. 1 Stunde 30 Minuten bei geringer Hitze köcheln lassen, dann die Schwarte entfernen und die Suppe in tiefen Tellern servieren.

Gemüsesuppe

Vorbereitungszeit: *40 Minuten*
Garzeit: *1 Stunde 40 Minuten*
Einweichzeit: *12 Stunden*
Schwierigkeitsgrad: ★

Für 4 Personen

200 g	Bohnenkerne (rote und weiße)
1	Selleriestange
300 g	Kartoffeln
1	Porreestange

3	Möhren
1	Zwiebel
¼	Wirsing
	Salz
	Pfeffer
1	Knochen vom Schinken
3	Knoblauchzehen
½ Bund	Petersilie
25 ml	Olivenöl
1 EL	Tomatenmark
150 g	frische Bandnudeln

In jedem korsischen Haushalt variiert diese Suppe je nach Jahreszeit und Vorlieben. Einfach und rustikal, verkörpert sie den familiären Charakter der Küche dieser Insel. Die Suppe wird gern abends serviert.

In den kleinen Dörfern des korsischen Hinterlandes war Suppe lange Zeit ein Hauptgericht, und die Korsen gaben sich mit dem zufrieden, was ihr Land hergab. Sie legten Gärten in der Nähe von Quellen oder Bachläufen an, im Gebirge in Form von Terrassen. Trockenmauern schützten die kleinen Äcker.

Kartoffeln, Sellerie, Möhren, Wirsing, Zwiebeln und Porree gehören natürlich in diese Suppe. Serge Fazzini gibt einen kräftigen, salzigen Knochen vom Schinken dazu.

Die Suppe ist einfach, gart aber recht lang, damit die Bohnen das Aroma der anderen Zutaten in sich aufnehmen können. Die vitaminreichen Hülsenfrüchte, die im 16. Jahrhundert nach Europa kamen, gibt es in vielen Größen, Formen und Farben. Unser Küchenchef empfiehlt, weiße und rote Bohnen zu mischen. Vergessen Sie nicht, sie vor dem Kochen 12 Stunden einzuweichen.

Dieses Rezept kann nach eigenem Geschmack variiert werden. Serge Fazzini hat sich entschieden, die Suppe um Bandnudeln zu ergänzen, andere Köche pürieren das Gemüse. Machen Sie es, wie es Ihnen gefällt. Auf Korsika ist die *suppa corsa* eine Familienangelegenheit.

Bohnen am Vorabend in eine Schüssel mit reichlich Wasser füllen. Am nächsten Tag abspülen und in reichlich frischem Wasser 40 Minuten kochen.

Den Sellerie und die Kartoffeln in Würfel, den Porree und die Möhren in Ringe, die Zwiebel und den Wirsing in Streifen schneiden.

4 l Wasser mit etwas Salz und Pfeffer in einem großen Topf erhitzen. Das Gemüse und den Knochen zufügen, aufkochen und 1 Stunde köcheln lassen.

mit Bandnudeln

In einer kleinen Pfanne den Knoblauch und die gehackte Petersilie in Olivenöl anbraten, das Tomatenmark zugeben. Mit einem Holzlöffel gut umrühren und zur Suppe geben.

Die Hälfte der Bohnen im Mixer pürieren und zur Suppe geben. Die restlichen Bohnen zur Suppe hinzufügen und 30 Minuten köcheln lassen.

Den Knochen entfernen. Die Bandnudeln zur Suppe geben und 10 Minuten kochen. Die Suppe abschmecken und in tiefen Tellern heiß servieren.

Graupensuppe

Vorbereitungszeit: *15 Minuten*
Garzeit: *20 Minuten*
Schwierigkeitsgrad: ★

Für 4 Personen

½ Bund	Petersilie
2	Knoblauchzehen
1	getrocknete Chilischote
300 g	getrocknete Tomaten
1 kg	Teppichmuscheln
2 EL	Olivenöl
200 g	Graupen
	Salz
	Pfeffer

Die *zuppa di fregola* mit Muscheln ist eine typische Spezialität der sardischen Küstenregionen. Auf Sardinien bezeichnet der Begriff *fregola* eine spezielle Art von Grieß. Aus Hartweizengrieß und Wasser werden die kleinen Kügelchen in Handarbeit hergestellt und in der Sonne getrocknet. Ersatzweise kann die Suppe mit Bulgur, geschrotetem Weizen oder Reis zubereitet werden, dabei muss aber auf geänderte Garzeiten geachtet werden!

Obwohl die sardische Küche ursprünglich eine Küche der Hirten war, so darf doch die Nähe zum Meer nicht vergessen werden. 1340 Kilometer Küstenlinie bieten nicht nur die Schönheit der Region, sondern auch den ganzen Reichtum des Meeres mit Fisch, Krustentieren und Meeresfrüchten, darunter die berühmten Langusten von Alghero.

Die Teppichmuscheln bereichern diese Suppe durch ihr mageres Fleisch und ihr feines Aroma. Sie sind erkennbar an der dünnen Schale, die in der Mitte bauchig und von hellgelber bis dunkelgrauer Farbe ist. Vor dem Kochen sollten sie in einer Schüssel ausgiebig gewässert werden, um den Sand zu entfernen. Diese Muscheln werden auch gern roh mit etwas Zitronensaft serviert. Je nach Angebot können Sie sie durch Miesmuscheln oder Herzmuscheln ersetzen.

Dieses sehr schlichte Gericht wird mit Petersilie verfeinert, die in der sardischen Küche viel Verwendung findet und das ganze Jahr über erhältlich ist. Wenn Sie der Suppe noch zusätzlich Geschmack geben möchten, empfiehlt Amerigo Murgia die Zugabe von Geflügel- oder Kalbsbrühe.

Die Petersilie waschen und hacken. Die Knoblauchzehen schälen und hacken. Die Chilischote und getrockneten Tomaten in feine Streifen schneiden.

Muscheln wässern und abgetropft in einen Topf mit etwas Wasser geben. Etwa 5 Minuten kochen, bis die Muscheln sich öffnen. Den Kochsud durch ein Sieb abgießen.

Das Olivenöl in einer Pfanne erhitzen, den Knoblauch, die Petersilie, die Tomaten und die Chili zufügen und umrühren. Mit Wasser ablöschen und salzen.

mit Muscheln

Die Graupen dazugeben und gut mischen.

Den abgeseihten Kochsud der Muscheln zugießen und umrühren.

Muscheln in die Suppe geben und 8 Minuten köcheln lassen. Nach Bedarf mit Salz und Pfeffer abschmecken und in tiefen Tellern servieren.

Vegetarische Gerichte

Salat mit gebackenen

Vorbereitungszeit: *25 Minuten*
Ruhezeit: *1 Stunde*
Garzeit: *15 Minuten*
Schwierigkeitsgrad: ✯

Für 4 Personen

1	Kopfsalat
	Salz
	Pfeffer
1 EL	Balsamico-Essig
3 EL	Olivenöl

Käsebällchen:

400 g	Mehl
½ Tütchen	Backpulver
	Salz
2	Eier
400 ml	Milch
1	Frischkäse von Ziege oder Schaf
500 ml	Pflanzenöl zum Frittieren

Viele korsische Gerichte haben ihren Ursprung in der langen Tradition der Hirten. Umgeben von den kristallklaren Wassern des Mittelmeers, haben die Hirten ihre eigene regionale Küche entwickelt, in der Käse aus Ziegen- oder Schafsmilch ebenso wie Wurstwaren und Kastanien einen hohen Stellenwert einnehmen.

Die frittierten Käsebällchen, ehemals ein typisches Hirtengericht, sind heute mit grünem Salat eine beliebte leichte Vorspeise.

Weit abgelegen von den betriebsamen Küstenregionen erscheinen dem Betrachter die hoch gelegenen Bergweiden wie eine Landschaft aus einer früheren Zeit. In den kleinen Schäfereien lebten die Hirten lange Zeit autark von dem, was die Herde ihnen spendete. Die Käserei sicherte ihren Lebensunterhalt.

Die korsischen Käse werden auch heute noch in Handarbeit aus Schafs- und Ziegenmilch hergestellt. Die kräftig schmeckende Milch wird nach dem Melken durchs Sieb abgegossen und mit Lab aus dem Magen junger Ziegen eingedickt. Nach 24 Stunden wird der Käse gewendet und am nächsten Tag gesalzen. Dieser Vorgang wird noch einmal wiederholt.

Die *buglidicce* stehen für eine Beschränkung auf das Wesentliche, die dem Vergleich mit aufwändigeren Gerichten auf überzeugende Weise standhält.

Mehl, Backpulver und eine Prise Salz mit den Eiern verrühren.

Milch zugießen und alles zu einem feinen Teig verrühren.

Den Käse zerkleinern.

Käsebällchen

Käse zum Teig geben und vorsichtig unterheben. 1 Stunde ruhen lassen.

Den Salat waschen. Etwas Salz und Pfeffer in eine Schüssel geben, Essig und Öl zugießen und verrühren.

Mithilfe von 2 Esslöffeln Bällchen formen und diese in heißem Öl frittieren. Die Käsebällchen auf Küchenpapier abtropfen lassen und auf dem grünen Salat servieren.

Cannelloni mit

Vorbereitungszeit: *1 Stunde*
Garzeit: *40 Minuten*
Schwierigkeitsgrad: ★

Für 4 Personen

Füllung:

1	Knoblauchzehe
1 EL	Olivenöl
500 g	frischer Spinat
500 g	Ricotta
100 g	geriebener Pecorino
50 ml	Weinbrand
1 TL	Muskatnuss, gerieben
	Salz
	Pfeffer
1	Eigelb

Teig:

500 ml	Milch
3	Eier
	Salz
	Pfeffer
250 g	Mehl

Tomatensauce:

½	Zwiebel
1	Knoblauchzehe
30 ml	Olivenöl
500 g	Tomaten
	Salz
	Pfeffer
½ Bund	Basilikum

Béchamelsauce:

500 ml	Milch
150 g	Butter
	Salz
	Pfeffer
50 g	Mehl
1 TL	Muskatnuss, gerieben

Zum Garnieren:

	Petersilie

Sizilien, die Insel vor der »Stiefelspitze« Italiens, ist ein Land der Gegensätze, das von der Hirtentradition geprägt wurde. Dieses Rezept, das auch Cannelloni nach Hirtenart genannt wird, vereint lokale Spezialitäten und bietet eine schöne Alternative zu einfachen Pastagerichten.

Die Cannelloni sind sehr gehaltvoll und können als Vorspeise oder Hauptgericht serviert werden. Sie werden mit einer Art Crêpes hergestellt, deren Teig ganz glatt sein muss.

Die Füllung ist saftig und vom milden Geschmack des Ricotta geprägt, der aus Ziegen- oder Schafmilch hergestellt wird. Mit seiner cremigen Konsistenz ist er ein idealer Begleiter zu gemischten Salaten, Saucen und Nudelgerichten. Es gibt sogar ein Sprichwort, das seine Beliebtheit zum Ausdruck bringt: Von einem gern gesehenen Gast sagt man, er käme gerade so recht wie der Ricotta zur Pasta. Früher wurde der Käse von den Hirten in Binsenkörbchen auf der Straße verkauft, heute ist er im Supermarkt erhältlich.

Auch der ursprünglich aus Persien stammende Spinat, der im Frühjahr und Herbst frisch angeboten wird, bereichert die Füllung der Cannelloni. Die jungen, unbeschädigten Blätter werden unter fließendem Wasser gewaschen und blanchiert. Unser Küchenchef gibt eine Knoblauchzehe und Olivenöl ins Kochwasser, damit der Spinat nicht bitter gerät.

Teig: Die Milch mit den Eiern verquirlen. Salz und Pfeffer sowie nach und nach das Mehl zufügen und alles zu einem glatten Teig verrühren.

Etwas Olivenöl in eine beschichtete Pfanne geben und die Crêpes darin backen.

2 Gläser Wasser, 1 Knoblauchzehe und 1 Esslöffel Olivenöl aufkochen und den gewaschenen Spinat darin blanchieren. Spinat fein hacken und mit Käse, Weinbrand, Gewürzen und Eigelb mischen.

Ricotta und Spinat

Tomatensauce: Gehackte Zwiebel und Knoblauch in Olivenöl anbraten, gewürfelte Tomaten zufügen, salzen und pfeffern. Das Basilikum zugeben und ca. 20 Minuten bei geringer Hitze kochen.

Béchamelsauce: Die Milch mit der Butter aufkochen, Salz und Pfeffer zugeben. Das in etwas Wasser angerührte Mehl zur kochenden Milch geben, Muskatpulver zugeben und gut verrühren.

Crêpes füllen und aufrollen. Die Hälfte der Saucen in eine Auflaufform geben, Cannelloni darauf legen und mit Sauce übergießen. Mit Pecorino bestreuen und 10 Minuten im Ofen bei 180 °C backen. Mit Petersilie garnieren.

Korsische

Vorbereitungszeit: *1 Stunde*
Teig kalt stellen: *1 Stunde*
Garzeit: *30 Minuten*
Schwierigkeitsgrad: ★

Für 4 Personen

600 g	*brocciu*
4	Eier
	Salz
	gemahlener Pfeffer
½ Bund	Petersilie, fein gehackt
18 Blättchen	Minze, fein gehackt
1 Stück	Speck

Teig:

250 g	Mehl
50 ml	Olivenöl
5	Eier
	Salz
500 ml	Bier

Tomatenpüree:

2	Knoblauchzehen
1	Zwiebel
4 Blättchen	Basilikum, gehackt
1 Zweig	frische Minze, fein gehackt
30 ml	Olivenöl
500 g	Tomaten, gewürfelt
	Salz und Pfeffer

Zum Garnieren:
frische Minze

Diese warme Vorspeise ist eine moderne Abwandlung der berühmten korsischen Pfannkuchen *nicci,* die mit Kastanienmehl hergestellt wurden.

Als Botschafter der kulinarischen Vereinigung »Cucina Corsa« (Korsische Küche) kann Vincent Tabarani die lokalen Produkte gar nicht genug loben. Für den Teig dieser Crêpes verwendet er ein dunkles Bier, das unter dem Namen *piétra* in Furiani gebraut wird. Die Spezialität erhält ihren leicht bitteren Geschmack durch die Kastanie. Das Bier kann durch eine andere dunkle Sorte (etwa dunkles Hefe-Weißbier) ersetzt werden.

Der milde und cremige Käse *brocciu*, der seit Generationen auf Korsika hergestellt wird, lässt die Crêpes regelrecht auf der Zunge zergehen. Alternativ kann auch Ricotta verwendet werden.

Unser Küchenchef setzt die Crêpes auf gefettetes Backpapier, bevor er sie in den Ofen schiebt, damit sie nach dem Überbacken leichter zu handhaben sind.

Das Tomatenpüree ist eine Spezialität der korsischen Küche und wird traditionell zum Ende des Sommers in großer Menge hergestellt. Dazu gibt man die Tomaten in ein Holzfass, das einen verschließbaren Auslass besitzt. Die Tomaten beginnen zu gären, die dabei entstehende saure Gärflüssigkeit lässt man ablaufen. Aus den Resten wird ein Püree durchs Sieb gedrückt, das in der Sonne eingedickt und in Tonkrügen aufbewahrt wird.

Teig: Mehl, Olivenöl, Eier und eine Prise Salz mischen.

Nach und nach das Bier zugeben und alles zu einem glatten Teig verrühren.

Den Teig durch ein Sieb drücken und 1 Stunde kalt stellen. Tomatenpüree: Knoblauch, Zwiebeln und Kräuter in Olivenöl anbraten. Tomaten, Salz und Pfeffer zugeben. 30 Minuten kochen und pürieren.

Käse-Crêpes

Den brocciu mit Eigelb, Salz, Pfeffer und Kräutern mischen. Das Eiweiß mit einer Prise Salz steif schlagen und unterziehen.

Eine beschichtete Pfanne mit dem Speck einreiben und je eine Kelle Teig hineingeben. Crêpes von beiden Seiten backen. Den Ofen auf 180 °C vorheizen. Die Crêpes mit Käsecreme füllen und falten.

Crêpes in eine Auflaufform legen und im Ofen bei 180 °C ca. 10 Minuten backen. Tomatenpüree um die Crêpes herum auffüllen und mit Minze garnieren.

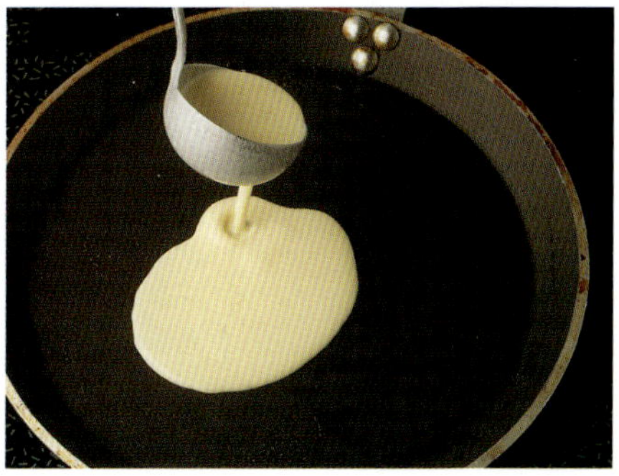

Sardische Ravioli

Vorbereitungszeit: *1 Stunde*
Ruhezeit des Teigs: *30 Minuten*
Garzeit: *35 Minuten*
Schwierigkeitsgrad: ★★

Für 4 Personen

25 g	geriebener Pecorino

Teig:

500 g	Mehl
1	Ei
½ TL	Safran
	Salz

Füllung:

1	Zwiebel, fein gehackt
3 EL	Olivenöl

4	Knoblauchzehen, zerdrückt
1 Bund	frische Minze, fein gehackt
600 g	Kartoffeln
100 g	geriebener Pecorino
300 g	*casa aceddu* (kräftiger Schafskäse)

Tomatensauce:

1 kg	Tomaten
1	Möhre
1	Selleriestange
1	Knoblauchzehe
1	Zwiebel
1	Lorbeerblatt
3 Blättchen	Basilikum
3 EL	Olivenöl
	Salz
	Pfeffer

Zum Garnieren:

	Basilikum
	Pecorino

Die *culurgionis* genannten Teigtäschchen sind die sardische Variante der bekannteren Ravioli, benötigen aber einiges Geschick in der Herstellung. Ihre Form erinnert an winzige Kinderschuhe und beweist das virtuose Können der sardischen Hausfrauen, die die Teigtaschen traditionell mit einer vegetarischen Füllung servieren.

Die Füllung wird je nach persönlicher Vorliebe zubereitet. Die hier von Amerigo Murgia vorgestellte Variante ist die klassische Version mit Kartoffeln, zwei Käsesorten, Minze, Knoblauch und Olivenöl.

Der Pecorino ist eine der Hauptzutaten der sardischen Küche – immerhin leben auf der Insel mehr Schafe als Menschen, etwa ein Drittel des gesamten italienischen Viehbestands. Die Schafe und die aus ihrer Milch hergestellten hervorragenden Käsesorten sind eine der wichtigsten Einnahmequellen für die Sarden.

Auch der *casa aceddu* ist ein Käse aus Schafsmilch. Die Hirten strichen ihn früher noch ganz jung auf Kartoffeln, die auf Holzkohle gegart waren. Erst wenn der Käse älter wird, wird er gesalzen und entfaltet sein ganzes geschmackliches Temperament.

Wenn auch die Füllung bereits nach vielen Köstlichkeiten des Südens schmeckt, so fehlt doch noch eines: die Sauce aus sonnenverwöhnten Tomaten. Die Kombination der mediterranen Aromen macht aus diesem traditionellen Gericht ein Muss für Freunde italienischer Pasta.

Teig: Mehl, Ei und Safran mit Salzwasser zu einem elastischen Teig kneten. Den Teig 30 Minuten ruhen lassen.

Füllung: Die Zwiebel in 1 Esslöffel Öl anbraten, den Knoblauch zufügen. Den Topf vom Herd nehmen, die Minze unterrühren.

Kartoffeln 20 Minuten kochen, pellen und durchpressen. Mit dem Käse mischen und die Zwiebel-Minze-Mischung zugeben. Das Olivenöl unterrühren.

Den Teig dünn ausrollen und Kreise ausstechen.

Aus der Füllung kleine Kugeln formen und auf die Teigstücke setzen. Für die Tomatensauce das Gemüse fein würfeln, mit Kräutern und dem Öl 30 Minuten kochen und pürieren.

Die Teigstücke falten und die Ränder abwechselnd festdrücken. Die Täschchen ca. 4 Minuten in Salzwasser kochen, in tiefen Tellern anrichten und mit Tomatensauce übergießen. Mit Pecorino und Basilikum garnieren.

Zwiebackringe mit

Vorbereitungszeit:	*35 Minuten*
Ruhezeit des Teigs:	*15 Minuten*
Gehzeit des Teigs im Ofen:	*15 Minuten*
Garzeit:	*1 Stunde*
Schwierigkeitsgrad:	*

Für 4 Personen

1 kg	Weizenmehl
160 g	Weizenvollkornmehl
160 g	Gerstenmehl
15 g	frische Backhefe
1 TL	Salz
150 ml	natives Olivenöl
4	mittelgroße Tomaten
150 g	Feta
	getrockneter Oregano

Darauf, dass dem Brot auf Kreta, wo es aus verschiedenen Getreidesorten hergestellt wird, schon immer eine besondere Bedeutung zugemessen wurde, deutet schon ein altes Sprichwort hin: *Lebensmittel sind die Webfäden des Magens, und Brot ist das Schiffchen.*

Seit dem Mittelalter wird auf Kreta Zwieback hergestellt. Ringförmige Brötchen werden aufgeschnitten und im Ofen bei geringer Temperatur langsam getrocknet. Früher wurden die so genannten *dakos*, die wegen des geringen Feuchtigkeitsgehalts einige Monate haltbar sind, nur zweimal im Jahr hergestellt. Mit einem Belag aus Tomaten und Käse wurde daraus ein schnelles Gericht. Dieser leichte, gesunde Snack ist heute wieder sehr beliebt.

Vollkornweizen, weißes Mehl und Gerste verleihen dem Teig seine originelle Note. Auf Kreta werden schon seit minoischer Zeit alle Getreidesorten auf Terrassen angebaut, auch heute gibt es in vielen Dörfern noch Familien mit einer eigenen handbetriebenen Getreidemühle. Das frisch gemahlene Vollkornmehl verleiht den *dakos* ihre dunkle Farbe.

Beträufeln Sie die *dakos* großzügig mit Olivenöl, bevor Sie die Tomaten darauf verteilen. So weicht das Brot nicht auf und bleibt knusprig. Das dunkelgrüne Olivenöl, das auf Kreta aus tiefdunklen Oliven hergestellt wird und ein Jahr reift, verleiht dem Gericht eine besonders fruchtige Note.

Alle Mehlsorten in einer Schüssel vermischen und eine Mulde formen. Die Hefe in die Mulde bröckeln und ca. 200 ml warmes Wasser und das Salz zugeben.

Die Mischung zu einem festen Teig kneten, zur Kugel formen und bei Zimmertemperatur 15 Minuten ruhen lassen.

Teigstücke von je ca. 300 g zu Ringen formen und auf ein bemehltes Backblech setzen. Im Ofen bei geringer Hitze 15 Minuten gehen lassen, dann bei 200 °C 20 Minuten backen.

Tomaten und Feta

Gebäckstücke horizontal durchschneiden und 40 Minuten im Ofen trocknen.

Je ein dako auf einen Teller setzen und großzügig mit Olivenöl beträufeln.

Die Tomaten pürieren und auf die Brothälften verteilen. Mit zerbröckeltem Feta und Oregano bestreuen und kühl servieren.

Sardische Gnocchetti

Vorbereitungszeit: *25 Minuten*
Garzeit: *10 Minuten*
Schwierigkeitsgrad: ✯

Für 4 Personen

200 g	Auberginen
1	rote Paprika
1	grüne Paprika
1	gelbe Paprika
2	Zwiebeln

5 EL	Olivenöl
	Salz
	Pfeffer
500 g	*Malloreddus*-Nudeln (ersatzweise kleine Hörnchennudeln)
5 Blättchen	Basilikum
200 g	Schafskäse, gerieben

Zum Garnieren:
frisches Basilikum

Die sardische Küche ist bis zum heutigen Tag nicht nur rustikal und authentisch geblieben, sondern vor allem auch sehr kohlenhydratreich. Neben dem Brot spielen Nudeln eine wichtige Rolle. Dieses Gericht ist im restlichen Italien unter dem Namen *gnocchetti sardi* bekannt, nur auf Sardinien selbst heißt es *malloreddus*. Das Wort entstammt dem Sardischen, das Sprachwissenschaftler als eigene romanische Sprache werten, und bedeutet »Kälbchen« – ein Hinweis auf die Form der kleinen Nudeln, die an Rinderhörner erinnern.

Die Pastaspezialität wird auch heute noch per Hand aus Hartweizen, Wasser und Salz hergestellt und mit Safran, Artischocken oder Tomaten angereichert. Die gekehlte, gerillte Form entsteht durch einen aufwändigen, überlieferten Prozess. Ersatzweise können Sie das Gericht mit Hörnchennudeln zubereiten.

Die Paprika steuern zu dieser Spezialität ihre Farbe ebenso wie ihr Aroma bei. Die sardischen Auberginen sind für ihre herausragende Qualität berühmt.

Zum krönenden Abschluss darf natürlich Basilikum nicht fehlen, das in der sardischen, sizilianischen und italienischen Küche von Tomaten und Nudelgerichten nicht wegzudenken ist.

Das Gemüse waschen und in kleine Würfel schneiden, die Zwiebel fein hacken.

Das Olivenöl in einer großen Pfanne erhitzen, das Gemüse zugeben und ca. 10 Minuten dünsten. Mit Salz und Pfeffer abschmecken.

Salzwasser in einem großen Topf erhitzen und die Nudeln hineingeben. 9 Minuten kochen und abgießen.

Das Basilikum vorsichtig waschen und fein hacken.

Nudeln zum Gemüse geben und vorsichtig mischen.

Die Mischung mit Basilikum und geriebenem Käse bestreuen, in tiefen Tellern anrichten und mit Basilikumblättchen garnieren.

Hülsenfruchtsalat

Vorbereitungszeit: *15 Minuten*
Einweichzeit: *12 Stunden*
Garzeit: *30 Minuten*
Schwierigkeitsgrad: ✭

Für 4 Personen

150 g	Kichererbsen
150 g	getrocknete weiße Bohnenkerne
150 g	getrocknete Dicke Bohnen
150 g	Hartweizen oder Weizenkörner
150 g	Linsen
4	Zitronen
150 ml	natives Olivenöl
	Salz
	Pfeffer
1 Bund	Dill

Früher bereiteten die Kreter am 5. Januar, dem Vorabend des Dreikönigsfestes, ein Gericht aus Weizen, Hülsenfrüchten, Olivenöl, Zitrone und Kräutern zu. Nach der Mahlzeit wurden die Reste an Haustiere und Vögel verfüttert, als Zeichen des Respekts für alle Lebensformen. Heutzutage ist dieses Energie spendende Gericht besonders an Fastentagen beliebt.

Historiker sehen die Ursprünge der *Palikaria* in Opferzeremonien der antiken Griechen. Jede Familie opferte den Göttern als Dank für eine gute Ernte ein Gericht aus allen Getreidesorten und Hülsenfrüchten.

Weiße Bohnen, Kichererbsen, Linsen und Dicke Bohnen sind die geläufigsten Hülsenfrüchte auf Kreta. Die Dicken Bohnen sind grün und die Kichererbsen gelb-orange, sodass die *Palikaria* eine ganze Palette an Farben aufweist.

Nur die Linsen können ohne vorheriges Einweichen direkt gekocht werden. Das Kochwasser darf auf keinen Fall zu Beginn gesalzen werden, da die Hülsenfrüchte sonst hart bleiben.

Die *Palikaria* wird aromatischer, wenn man sie über Nacht mariniert. Den Dill, der dem Gericht ein feines anisartiges Aroma verleiht, können Sie noch durch Petersilie oder Schnittlauch ergänzen. Der gehaltvolle Salat ist ein ideales Hauptgericht für warme Tage.

Am Vorabend Kichererbsen, weiße Bohnen, Dicke Bohnen und den Weizen in vier separaten Schüsseln mit kaltem Wasser einweichen.

Hülsenfrüchte und Weizen abgießen und Linsen, weiße Bohnen und Dicke Bohnen jeweils separat, Kichererbsen und Weizen zusammen ca. 30 Minuten in frischem Wasser kochen.

Hülsenfrüchte und Weizen zum Abtropfen in ein Sieb geben und dann auf einem Handtuch ausbreiten.

»Palikaria«

Hülsenfrüchte und Weizen in einer großen Schüssel mischen.

Den Saft der vier Zitronen, das Olivenöl, eine Prise Salz und etwas Pfeffer zugeben und mischen.

Den geschnittenen Dill zugeben und gut gekühlt servieren.

Sardisches

Vorbereitungszeit: *25 Minuten*
Garzeit: *30 Minuten*
Schwierigkeitsgrad: ✭

Für 4 Personen

300 g	*pane carasau*
1 Instantwürfel	Bouillon
100 g	geriebener Schafskäse oder Parmesan
4 EL	Weißweinessig
4	Eier
	Salz

Tomatensauce:

800 g	Tomaten, fein gewürfelt
1	Zwiebel, fein gehackt
1	Selleriestange, fein gewürfelt
1	Möhre, fein gewürfelt
2	Knoblauchzehen, zerdrückt
½ Bund	Petersilie, gehackt
3 EL	Olivenöl
1	Lorbeerblatt
3 Blättchen	Basilikum, fein gehackt
	Salz und Pfeffer

Sardiniens Einwohner erzählen gern, dass der Schöpfer ihre Insel großzügig mit allem bedacht hat, was die Fischer, vor allem aber die Hirten, zum Leben brauchen. Durch das einfache Hirtenleben geprägt, ist auch die Küche authentisch rustikal. Zu den traditionellen Gerichten zählt das Pergamentbrot.

Das für dieses Gericht benötigte hauchfeine, knusprige Brot *pane carasau* ist eine typisch sardische Spezialität aus Hartweizengrieß. Es erinnert an Pergamentpapier, weshalb es auch den Spitznamen *carta da musica* (Notenpapier) trägt. Es ist im sehr gut sortierten Feinkosthandel oder im Versand über das Internet erhältlich.

Der Teig für das Brot wird geknetet, millimeterdünn ausgerollt und zweimal gebacken. Vor der Zubereitung dieses Gerichts wird das Brot eingeweicht, damit es wieder elastisch wird. Die sardischen Hirten verwenden zum Einweichen gern Schafs- oder Geflügelbouillon.

Mit Tomatensauce und geriebenem Pecorino, einem festen Käse aus Schafsmilch, wird das feine Brot zu einer sonnenverwöhnten Köstlichkeit. Dabei sind die sardischen Tomaten besonders saftig und ohne Kerne, ihre Schale ist fein und glatt. Sie werden auf den Märkten von Mailand bis Turin angeboten.

Tomatensauce: Das Gemüse, den Knoblauch und die Petersilie in Olivenöl anbraten. Gemüsewürfel, Lorbeerblatt und Basilikum zufügen. Alles pürieren, salzen und pfeffern.

Das Pergamentbrot in große Stücke brechen. Den Instantwürfel Bouillon in kochendem Wasser auflösen.

Die Brotstücke vorsichtig in der Bouillon einweichen und in 4 Auflaufformen legen.

Pergamentbrot

Die Tomatensauce gleichmäßig über das Brot verteilen.

Das Brot mit geriebenem Käse bestreuen und nochmals Brot, Tomatensauce und Käse darauf schichten.

½ l Wasser mit dem Essig erhitzen. Eier aufschlagen, hineingleiten lassen und ca. 1 Minute pochieren. Die Eier mit einem Schaumlöffel auf dem Brot anrichten, salzen und sofort servieren.

Spaghetti

Vorbereitungszeit: *40 Minuten*
Garzeit: *25 Minuten*
Schwierigkeitsgrad: ★

Für 4 Personen

2	Zwiebeln
1	Selleriestange
1 Bund	Petersilie
1 Bund	Basilikum
25 g	getrocknete Tomaten
2	Knoblauchzehen

300 g	Tomaten
50 ml	Olivenöl
	Salz
1	getrocknete Chilischote
1 EL	Tomatenmark
50 ml	Weißwein
400 g	Spaghetti

Zum Garnieren:
Kirschtomaten
Petersilie
Basilikum

Pasta wird – auf tausendundeine Weise zubereitet – auf Sizilien zu jeder Gelegenheit serviert. Von den berühmten *maccheroni alla Norma* mit Auberginen bis zu *pasta con le sarde* mit frischen Sardinen zeigen sie eine unendliche Vielfalt und haben längst ihren Adelsbrief erhalten.

Dieses Gericht räumt dem Sellerie einen Ehrenplatz ein. Unser Küchenchef, der aus Caltagirone stammt, erhielt das Rezept von der Schustersfrau *(scarpara)* aus seinem Dorf, die es ganz besonders schätzt. Das Gericht ist rasch zubereitet, die Nudeln sollten *al dente* gegart sein.

Jede italienische Region behauptet von sich, die Pasta erfunden zu haben, und bringt eine Fülle von Argumenten vor, um ihr Urheberrecht zu belegen. Die Sizilianer behaupten, dass die Araber die Nationalspeise eingeführt haben, die sofort ihren Weg in die heimische Küche fand. Eine Quelle aus dem 15. Jahrhundert berichtet bereits von *maccheroni,* die in der Augustsonne getrocknet wurden.

Angelo La Spina verwendet für dieses Rezept eine dicke Variante der Spaghetti namens *bavette.* Ebenso gut eignen sich aber auch Tagliatelle oder Fettucine.

Dieses farbenprächtige Gericht vereint die Köstlichkeiten der Region: Sellerie, Tomaten, Zwiebeln, Knoblauch und Basilikum.

Zwiebeln, Sellerie, Kräuter und getrocknete Tomaten fein hacken. Den Knoblauch zerdrücken und die frischen Tomaten häuten, entkernen und würfeln.

Zwiebeln, Knoblauch und Sellerie in Olivenöl 5–6 Minuten dünsten. Die Kräuter und die getrockneten Tomaten zugeben und 10 Minuten dünsten. Mit Salz und zerstoßener Chilischote würzen.

Die gewürfelten Tomaten und das Tomatenmark zugeben und 5 Minuten dünsten.

»Scarpara«

Den Weißwein zugeben und 5 Minuten dünsten.

Salzwasser erhitzen und Spaghetti ca. 12 Minuten darin kochen, dann abgießen.

Nudeln zur Sauce geben und gut mischen. Die Nudeln in tiefe Teller geben und mit Kirschtomaten, etwas Petersilie und Basilikum garniert heiß servieren.

Kürbis-Oliven-Eintopf

Vorbereitungszeit: *20 Minuten*
Garzeit: *30 Minuten*
Schwierigkeitsgrad: ✭

Für 6 Personen

450 g	Kürbis
100 g	Mehl
100 ml	Olivenöl
450 g	Schalotten
100 ml	Weißweinessig
100 ml	Rotwein

1	Tomate
	Pimentkörner
1 Msp.	gemahlener Kreuzkümmel
2	Lorbeerblätter
1 Zweig	Rosmarin
	Salz
	gemahlener Pfeffer
100 g	schwarze Oliven

Auf Kreta versteht man unter *stifado* ein Schmorgericht mit Hasen- oder Kaninchenfleisch in einer dunklen Sauce mit Zwiebeln, Kräutern und Wein. Michalis Markakis empfiehlt hier eine Variante, bei der das Fleisch durch Kürbis ersetzt wird.

Der Kürbis stammt ursprünglich aus Nordamerika, wo er ebenso wie Bohnen und Mais eine grundlegende Rolle in der indianischen Küche spielte. Die Kreter haben die große Frucht liebevoll adoptiert und stellen köstliche Ragouts, Torten, Pasteten und Blätterteigtaschen daraus her.

Für das *stifado* sollte nur frischer Kürbis verwendet werden, keinesfalls tiefgekühlter, der beim Schmoren wässrig wird. Während der Zubereitung werden die Kürbisstücke mit einer Spaghettizange vorsichtig gewendet, sodass sie auf allen Seiten braun werden, aber nicht zerfallen.

Die Grundlage der Sauce sind die Schalotten. Die Tomaten werden auf Kreta einfach halbiert und in die Sauce gepresst, unser Küchenchef püriert sie jedoch vor der Zugabe, um dem Gericht etwas mehr Raffinesse zu verleihen.

Zu dem milden Kürbis passen die kräftigen Oliven ausgezeichnet. In den auf Kreta weit verbreiteten Hainen wachsen Oliven für die Ölherstellung und für den Verzehr im Ganzen. In reifem Zustand gepflückt, werden die Letzteren in Lake oder in körnigem Salz eingelegt. Sie sind dann so salzig, dass sie vor ihrer Verwendung blanchiert werden müssen.

Den Kürbis in dicke Scheiben schneiden, diese schälen, Kerne und faserige Stücke entfernen. Das Fruchtfleisch in große Würfel schneiden.

Kürbisstücke in Mehl wenden und 10 Minuten in 50 ml Olivenöl braten.

Schalotten schälen und in 50 ml Olivenöl 5 Minuten glasig dünsten. Schalotten mit Essig und Rotwein ablöschen und die pürierte Tomate zugeben.

Pimentkörner, Kreuzkümmel, Lorbeerblätter, Rosmarin, Salz und Pfeffer zufügen und die Schalotten in ca. 5 Minuten weich kochen.

Die gebratenen Kürbisstücke in die Sauce geben.

Schwarze Oliven zufügen und 10 Minuten bei mittlerer Hitze garen. In tiefen Tellern anrichten und nach Belieben garnieren.

Nudel-Ricotta-Auflauf

Vorbereitungszeit:	*1 Stunde*
Ruhezeit des Nudelteigs:	*5 Minuten*
Garzeit:	*2 Stunden 35 Minuten*
Schwierigkeitsgrad:	☆☆

Für 4 Personen

1	Knochen von der Lammkeule
2	Möhren
1	Zwiebel
1	Selleriestange
	Salz
3	Lorbeerblätter
50 g	Schmalz
500 g	Ricotta
	schwarzer Pfeffer
100 g	geriebener Pecorino (3 Monate gereift)
50 g	frischer Majoran

Nudelteig:

350 g	Hartweizenmehl
	Salz
	schwarzer Pfeffer
25 g	geriebener alter Pecorino
1	Ei
1 EL	Olivenöl

Auf Sizilien bestimmt der katholische Glaube den Rhythmus des Lebens und der Küche. So gibt das Osterfest Anlass zu diversen saisonalen Köstlichkeiten, darunter der Nudel-Ricotta-Auflauf, der als warme Vorspeise serviert wird.

Die Sizilianer lieben Pasta in jeder Form. Für dieses Rezept wird aus Hartweizen, Ei, Pecorino, Olivenöl, Salz und Pfeffer eine Variante mit dem klingenden Namen *cavatina* hergestellt. Die Bezeichnung leitet sich von der gebogenen, gerillten Form ab. Im italienischen Feinkosthandel sind die Nudeln küchenfertig erhältlich. Sie lassen sich auch durch *cavatielli* oder *garganelli* ersetzen.

Das besondere Aroma erhält der Auflauf durch Ricotta, einen Käse, der aus Kuh-, Schaf-, oder Ziegenmolke hergestellt wird. Für dieses Rezept ist der reifere *ricotta dura* besonders geeignet. Er ist trockener und kräftig im Geschmack.

Sizilien ist Schauplatz einer Episode der Odyssee. In der Szene, in der Odysseus und seine Gefährten in die Gewalt eines Zyklopen geraten, wird die Insel als Land der Hirten beschrieben: Um seinem Kerkermeister zu entfliehen, klammert sich der findige griechische Held am Bauch eines Schafes fest! Giuseppe Barone ist der Ansicht, dass die Sizilianer bereits in der Antike einen Käse wie den Ricotta zu schätzen wussten.

Zu Nudeln und Käse gesellt sich das köstliche Aroma frischen Majorans, der in der Mittelmeerküche gern verwendet wird und im Geschmack an Minze und Basilikum erinnert.

Nudelteig: Alle Zutaten vermischen. Nach und nach 100 ml Wasser zugeben und 10 Minuten kneten. Dann den Teig 5 Minuten ruhen lassen.

Den Knochen mit dem grob zerteilten Gemüse im Ofen bei 180 °C 30 Minuten garen, dann mit Salz und Lorbeerblättern in einen Topf geben, mit Wasser auffüllen und 2 Stunden kochen. Die Bouillon durchseihen.

Den Nudelteig 1,5 cm dick ausrollen und in kleine Rechtecke gleicher Größe schneiden.

Teigstückchen auf eine Gabel geben, mit zwei Fingern in der Mitte eindrücken und auf der Gabel zu Röllchen formen.

Die Bouillon erhitzen und die Nudeln darin 5 Minuten kochen. Nudeln mit dem Schaumlöffel herausheben, die Bouillon aber nicht weggießen.

Nudeln in eine mit Schmalz gefettete Auflaufform geben, die Ricottascheiben darauf legen, mit Pfeffer, Pecorino und Majoran bestreuen. Restliche Nudeln zugeben, mit Bouillon auffüllen und 30 Minuten bei 180 °C überbacken.

PARDU

Fisch & Meeresfrüchte

Schwarzer Sepia-Reis

Vorbereitungszeit: *1 Stunde*
Garzeit: *50 Minuten*
Schwierigkeitsgrad: ★★★

Für 4 Personen

Fischfond:

1	Meerbarbe
1	Seekuckuck
1	Wolfsbarsch
1/2	Zwiebel
1	Porreestange
3–4	Tomaten
2 EL	Paprikapulver
1 Zweig	Thymian
2	Lorbeerblätter
3–4 Zweige	Petersilie
100 ml	Olivenöl

Schwarzer Reis:

800 g	kleine Sepien (Tintenfische)
3	grüne Paprika, gewürfelt
	Olivenöl
3	Zwiebeln, gehackt
4	Tomaten, gewürfelt
1 Prise	Paprikapulver
200 g	junge grüne Bohnen
200 g	Reis
100 g	frische grüne Erbsen
25 ml	Sepia-Tinte
	Salz

Petersilienpesto:

2	Knoblauchzehen
½ Bund	glatte Petersilie

Zum Garnieren:

100 ml	Olivenöl
½ Beutel	Sepia-Tinte

Der schwarze Sepia-Reis gehört zu den traditionellen Gerichten der Balearen und wird meist in der Pfanne serviert.

Die Sepia wird in der iberischen Küche auf vielerlei Art zubereitet. Der kleine Tintenfisch (10–40 cm) gehört zur Familie der Kopffüßler, deren Arme tatsächlich direkt am Kopf sitzen. Von den zehn Armen werden die zwei längsten zum Beutefang genutzt. Am Körper, der die Form eines Beutels und eine grau-violette Haut besitzt, sitzen kleine Flossen.

Fühlt er sich bedroht, stößt der Tintenfisch eine schwarze, tintenähnliche Substanz aus, die Feinde in die Flucht schlägt. Die kulinarischen Qualitäten dieser ebenfalls Sepia genannten Tinte sind den italienischen und spanischen Köchen nicht verborgen geblieben, sie wird separat in kleinen Beuteln verkauft.

Der Fischfond wird mit kleinen Felsenfischen oder Fischabfällen zubereitet.

Als Reis empfiehlt unser Küchenchef Rundkornreis, der auch für Paella verwendet wird. Er wird mit Sepiastücken und Gemüse oder, je nach Geschmack, mit Gambas serviert.

Zum Garnieren verwendet Bartolomé-Jaime Trias Luis Sepia-Beutel, die er ohne Öl in einer Pfanne glasig dünstet und mit Reis füllt.

Köpfe der Sepien entfernen, die beutelförmigen Körper ausnehmen und abspülen. 12 ganze Beutel in einer Pfanne glasig dünsten und beiseite stellen, die anderen in feine Streifen schneiden.

Fischfond: Fische in Stücke schneiden, das Gemüse würfeln und mit den Kräutern in Olivenöl anbraten. Mit Wasser auffüllen, aufkochen, 20 Minuten kochen und durch ein Sieb abgießen.

Schwarzer Reis: Sepia-Julienne und Paprika in etwas Olivenöl anbraten. Zwiebeln, Tomaten, Paprikapulver und Bohnen zugeben, einige Bohnen zum Garnieren zurückbehalten.

Wenn das Gemüse glasig ist, den Reis und die Erbsen zugeben und 3–4 Minuten bei starker Hitze rühren.

Die Sepia-Tinte zugeben und bei starker Hitze gut umrühren. Mit Fischfond auffüllen, etwas Salz und das Petersilienpesto (zerdrückter Knoblauch und Petersilie) zugeben.

Die Reismischung ca. 17 Minuten garen, dann im Ofen die Flüssigkeit verdampfen lassen. Sepia-Beutel mit Reis füllen, mit Bohnen belegen und den Teller mit Tinte und Öl garnieren.

Kalmar nach

Vorbereitungszeit: *40 Minuten*
Garzeit: *1 Stunde 35 Minuten*
Schwierigkeitsgrad: ★

Für 4 Personen

1,8 kg	Kalmar (Tintenfisch)
2	Frühlingszwiebeln
½ Bund	Petersilie
12 Blättchen	Basilikum
2	Knoblauchzehen
80 ml	Olivenöl
1 EL	Tomatenmark
400 ml	Rotwein
	Salz
1	kleine Chilischote

Reis:

3	Frühlingszwiebeln
40 ml	Olivenöl
250 g	Langkornreis
500 ml	Fischfond
	Salz
	Pfeffer
1 Zweig	frische Minze

Zum Garnieren:
frische Minze

In Bastia traf (und trifft) man sich an Markttagen gern in kleinen Lokalen zu – je nach Fang variierenden – lokalen Fischspezialitäten von Meeräsche in Tomatensauce über Reis mit Krebsen oder frittierte Sardellen bis zu Kalmar nach Fischerart.

Dieses in Bastia ungemein beliebte Gericht hat den Sprung auf die Speisekarten der korsischen Gastronomie geschafft.

Nach langer Garzeit in Rotwein zergehen die Kalmare, die sonst auch oft gegrillt oder frittiert werden, auf der Zunge. Kalmare sind mit den kleineren Sepien verwandte Tintenfische; und auch Sepien können für dieses Rezept verwendet werden. Beide müssen unbedingt unter reichlich klarem Wasser gesäubert werden.

Kalmare nach Fischerart sind ohne das fruchtige Aroma des Olivenöls undenkbar. Auf Korsika werden nur Oliven verarbeitet, die so reif sind, dass sie vom Baum fallen. Das Öl hat einen besonders milden Geschmack und hält sich sehr lange.

Typisch für Korsika sind die aromatischen Kräuter, die in der Macchia wachsen, hier besonders die wilde Minze mit ihrem leicht scharfen Geschmack. Das Basilikum ist mit seinem frischen Zitrusaroma eine gelungene Ergänzung.

Um das gehaltvolle Gericht zu vervollständigen, wird es mit in Olivenöl angebratenem Reis mit Zwiebeln serviert. Diese Reisspezialität ist besonders saftig und aromatisch.

Kalmare unter fließendem Wasser vorsichtig häuten und die Arme abziehen. Den Knorpel sowie Augen und Mund von den Tentakelansätzen entfernen. Kalmare gut abspülen und in Ringe schneiden.

Frühlingszwiebeln, Petersilie und Basilikum fein hacken und die Knoblauchzehen zerdrücken.

Kalmare in 40 ml Olivenöl braten, in einem Sieb abtropfen lassen.

Fischerart

Zwiebeln und Gewürze im restlichen Olivenöl anbraten und Kalmare zugeben. Das Tomatenmark zugeben, gut mischen und 1 Minute dünsten.

Den Rotwein zugießen und salzen. Die Chilischote zugeben, mit Wasser auffüllen und 1 Stunde 30 Minuten köcheln lassen.

Reis: Zwiebeln und den Reis in Öl glasig dünsten. Den Fischfond zugießen, salzen, pfeffern und aufkochen. 18 Minuten garen und mit gehackter Minze bestreuen.

Gefüllte Kalmare

Vorbereitungszeit: *1 Stunde*
Garzeit: *1 Stunde 30 Minuten*
Schwierigkeitsgrad: ☆☆☆

Für 4 Personen

800 g	ganze Kalmare (Tintenfische)
100 g	Mehl
	Öl zum Frittieren

Gemüsefüllung:

16	Gambas
2	Porreestangen
2	große Zwiebeln
2 Bund	Spinatblätter
1 Bund	Mangoldblätter
1	Blumenkohl
100 ml	Olivenöl
2–3	Eier
2	Tomaten, gehackt
1 l	Fischfond

Basilikumsauce:

2 Bund	Basilikum
50 g	Pinienkerne
	Salz
500 ml	Olivenöl

Gambasauce:

	Abfälle der Gambas
50 ml	Olivenöl
50 ml	Weinbrand

Obwohl Kalmare auf den Balearen meist mit Schweinefleisch, Eiern und Kräutern gefüllt werden, erinnert sich unser Küchenchef noch gut an die mit Gemüse gefüllten Kalmare seiner Großmutter. Dieses Rezept hat er nun mit Gambas und Saucen aus Basilikum und Meeresfrüchten verfeinert.

Kalmare sind im Durchschnitt 20–40 cm lange Tintenfische. Mit ihren großen Augen finden Kalmare leicht ihre Beute, die sie mit Gift aus den Saugnäpfen ihrer langen Arme lähmen. Wird der Kalmar selbst gejagt, kann er seine Farbe verändern und eine Fluchtgeschwindigkeit von 11 km/h aufbringen. Früher hat diese Weichtierart viele Mythen über Meeresungeheuer genährt. Heute sind Tiefseekalmar-Arten von bis zu 6 Metern Länge mit 12 Meter langen Armen bekannt.

Auf den Balearen ist der Sommer die beste Zeit für den nächtlichen Fang, für den lange, mit funkelnden Ködern besetzte Schleppleinen verwendet werden. Kalmare müssen gut ausgenommen, gehäutet und gesäubert werden.

Zu diesem Rezept gehört eine reiche Auswahl an Gemüse, wovon die eine Hälfte mit den Kalmararmen und Eiern gemischt als Füllung, die andere Hälfte mit Tomaten und Fischfond zur Sauce verarbeitet wird.

Entfernen Sie bei den Gambas zuerst den Kopf, dann die nächsten zwei Glieder des Panzers. Durch leichten Druck holen Sie das restliche Fleisch heraus, die Abfälle werden für die Sauce gekocht.

Die Gambas schälen und die Kalmare ausnehmen. Die Kalmararme hacken und 15 Minuten mit dem Porree, Zwiebeln, dem Spinat, dem Mangold und dem gehackten Kohl in Olivenöl dünsten. Die Eier zur Hälfte der Mischung zugeben.

Die andere Hälfte weiterdünsten, Tomaten und Fischfond zugeben und 30 Minuten kochen. Die Kalmare mit der Gemüsemischung und den Gambas füllen und mit Zahnstochern verschließen.

Die Kalmare in Mehl wenden und 5 Minuten in heißem Öl von allen Seiten anbraten. Öl abtropfen, Kalmare in die Gemüsemischung geben und 35 Minuten bei geringer Hitze köcheln lassen.

Basilikumsauce: Basilikum zerstampfen, die Pinienkerne rösten, etwas Wasser und Salz zugeben und im Mixer pürieren. Die Sauce durch ein feines Sieb seihen und Olivenöl zugeben.

Gefüllte Kalmare in 2–3 cm lange Stücke teilen.

Die Abfälle der Gambas 5 Minuten in Öl anbraten, mit Weinbrand ablöschen, flambieren, etwas Wasser zugeben, kurz aufkochen und durchs Sieb streichen. Kalmare mit den Saucen servieren.

Goldbrasse mit

Vorbereitungszeit: *20 Minuten*
Garzeit: *10 Minuten*
Schwierigkeitsgrad: ★

Für 4 Personen

4	Goldbrassen à 300 g
200 g	Mehl
400 g	Brokkoli
4 EL	Olivenöl
250 ml	Weißwein *Pardu dry*
	Salz
	Pfeffer
100 g	grüne Oliven

Zum Garnieren:
Kirschtomaten

Auch wenn die Sarden in erster Linie der Hirtentradition entstammen, gibt es doch auch etliche Fischerdörfer auf der Insel, deren klare Küstengewässer reich an Fisch sind: Sardinen, Meeräschen, Seewölfe, Drachenköpfe und viele andere Sorten sind auf dem Markt in Oristano in reicher Auswahl erhältlich. Aus dieser Stadt, die den Inselwesten dominiert, stammt dieses Rezept.

In idealer Weise verbindet sich hier die Goldbrasse mit den grünen Oliven und dem Weißwein. Die Sarden verwenden gern eine lokale Rebsorte, die *Vernaccia*, mit ihrem trockenen, kräftigen Aroma, unser Küchenchef dagegen hat einen *Pardu dry* gewählt, der einen ebenso guten Ruf genießt. Der Wein kann durch eine andere trockene Weißweinsorte ersetzt werden.

Die Goldbrasse, die wegen ihres weißen, aromatischen Fleischs im Mittelmeerraum sehr beliebt ist, benötigt nur eine kurze Garzeit. Sie wird 30–50 cm lang und ist an ihren rosa Flossen und dem Fleck nahe der Kiemen zu erkennen. Sie kann durch den ebenfalls sehr beliebten Seewolf oder auch durch Meeräsche ersetzt werden.

Brokkoli ist von Frühjahr bis Herbst frisch auf den Märkten der Insel erhältlich. Er ist reich an Vitaminen und Mineralien und sollte eine feste, bläulich-grüne Knospe haben. Der Stiel wird vor Verwendung abgeschnitten. Nach dem Garen werden die Röschen in kaltes Wasser getaucht, die Vitamine und die kräftige Farbe bleiben so erhalten.

Die Goldbrassen schuppen, ausnehmen und unter fließendem Wasser abspülen. Die Fische mit einem sauberen Tuch abtupfen und in Mehl wenden.

Brokkoli in Röschen schneiden, diese waschen und 3–4 Minuten in Salzwasser kochen.

Das Olivenöl in einer Pfanne erhitzen und die Goldbrassen 3 Minuten von jeder Seite braten.

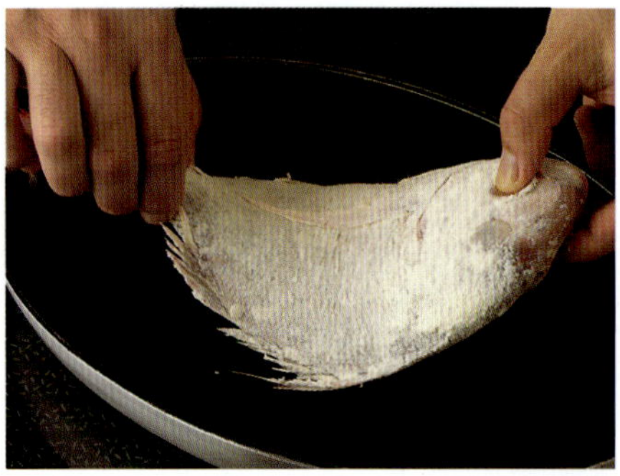

grünen Oliven

Den Fisch mit Wein übergießen, salzen und pfeffern, dann kurz köcheln lassen.

Grüne Oliven zum Fisch geben und 3 Minuten bei geringer Hitze köcheln lassen.

Brokkoliröschen in Eiswasser tauchen. Die Goldbrassen auf Tellern anrichten, Brokkoli und Oliven dazugeben und mit Kirschtomaten garnieren.

Schwertfisch mit

Vorbereitungszeit: *40 Minuten*
Garzeit: *25 Minuten*
Schwierigkeitsgrad: ✭

Für 4 Personen

4 Scheiben	Schwertfisch
100 g	Mehl
80 ml	Olivenöl
1 TL	Butter
5	Tomaten
1	Selleriestange
1 Bund	Basilikum
1 Bund	Petersilie
1	Zwiebel
2	Knoblauchzehen
50 g	entsteinte grüne Oliven
40 g	Kapern
25 g	Rosinen (Sorte *Italia* empfohlen)
	Salz
	Pfeffer

Zum Garnieren:
Sellerieblättchen

Im Lauf der Geschichte haben die Sizilianer ihre Küche immer wieder mit fremden Einflüssen bereichert. Die Araber, die zwischen dem 9. und 11. Jahrhundert auf der Insel lebten, brachten Trockenfrüchte, Zucker und Gewürze mit, und die Sizilianer wurden zu Anhängern der süß-sauren Geschmacksrichtung.

Der Schwertfisch mit süß-saurem Gemüse stammt aus der Region um Messina und Palermo. Der äußerst beliebte Fisch wird in der Straße von Messina gefangen. Er wird bis zu 4 m lang, 200 kg schwer und besitzt ein Furcht erregendes Schwert. Den Schwertfischfang, der oft lebensgefährlich war, hat Domenico Modugno sogar in einem Lied verewigt. Die Fischhändler bieten den Schwertfisch, der wegen seines zarten Fleischs gerühmt wird, meist in Scheiben an. Er lässt sich auch gut grillen, dünsten oder marinieren und kann durch Thunfisch ersetzt werden.

Mit der Verbindung aus süßen Rosinen und säuerlichen Kapern ist die Zubereitung typisch sizilianisch, die Rosinen erinnern dabei an ihre orientalische Herkunft. Obwohl die meisten Rosinen heute ohne Kern angeboten werden, empfiehlt Angelo La Spina die Sorte *Italia*, die auf Sizilien hergestellt wird und große, ovale Kerne hat.

Schwertfischscheiben in Mehl wenden und in 50 ml heißem Olivenöl und Butter braten. Auf Küchenpapier abtropfen lassen.

Tomaten häuten, entkernen und würfeln. Den Sellerie, das Basilikum und die Petersilie waschen und fein hacken. Die Zwiebel, den Knoblauch und die Oliven fein hacken.

Die Zwiebel und den Knoblauch im restlichen Olivenöl anbraten. Sellerie, Kapern und Rosinen zufügen. Salz und Pfeffer zugeben und 5 Minuten dünsten. Gehackte Tomaten zufügen.

süß-saurem Gemüse

Die gehackten Oliven zugeben und alles gut mischen.

Die Petersilie und das Basilikum zugeben, gut unterrühren und 5 Minuten dünsten.

Schwertfischscheiben in eine Auflaufform legen und mit der Gemüsemischung bedecken. Bei 180 °C ca. 10 Minuten überbacken. Die Schwertfischscheiben mit Sellerieblättchen garniert servieren.

Sardinenpastete

Vorbereitungszeit: *25 Minuten*
Marinieren: *24 Stunden*
Garzeit: *30 Minuten*
Schwierigkeitsgrad: ✭

Für 4 Personen

500 g	Sardinen
300 g	Kartoffeln
1	Kopfsalat
2 EL	Olivenöl
	Salz und Pfeffer

Marinierte Tomaten:

12	Kirschtomaten
4 EL	Honig
1 Zweig	frischer Thymian

Wenn auch der sizilianische Adel früher für die Reichhaltigkeit seiner Gerichte durch viel Butter bekannt war, so hat das einfache Volk immer Olivenöl und wenige Zutaten in der Küche verwendet. Aus dem Südosten der Insel stammt das Rezept für die Sardinenpastete, die früher oft im Gemeinschaftsofen des Dorfes gebacken wurde. Unser Küchenchef steuert dieses schlichte, aber extrem aromatische Gericht zu Ehren seiner Mutter bei, der er seine Leidenschaft fürs Kochen verdankt.

Sardinen, die mit *pasta con le sarde* in ein renommiertes inseltypisches Gericht verwandelt werden, fängt man seit jeher im Hafen von Sciacca. Im Frühjahr und Herbst sind sie besonders zahlreich. Man kann sie auch durch Sardellen ersetzen.

In Lagen übereinander geschichtet, gehen die Sardinen mit den Kartoffeln und dem grünen Salat eine gelungene Verbindung ein. Natürlich fehlt auch das Öl der Oliven nicht, die an den Hängen des Ätna wachsen und sich durch einen feinen Mandelgeschmack auszeichnen.

Als Tüpfelchen auf dem i runden die marinierten Tomaten das einfache Gericht ab. Hier haben die Sizilianer ihrer Vorliebe für Süßes nachgegeben und der Sardinenpastete damit zu einer geschmacklichen Überraschung verholfen.

Am Vortag die Kirschtomaten mit heißem Wasser überbrühen und häuten. Tomaten mit dem Honig und dem gehackten Thymian 24 Stunden marinieren.

Sardinen säubern, Köpfe und Schwänze abschneiden und ausnehmen. Gräten entfernen und Filets unter klarem Wasser abspülen.

Kartoffeln schälen und in feine Scheiben hobeln.

Den Salat waschen und die Blätter in Streifen schneiden.

Die Auflaufform mit Olivenöl ausstreichen und eine Lage grünen Salat einfüllen. Kartoffelscheiben darauf legen und salzen und pfeffern.

Die Sardinenfilets in die Form geben, salzen und pfeffern. Kartoffelscheiben und Salat auflegen und die Pastete im Ofen bei 180 °C ca. 30 Minuten backen. Aus der Form stürzen und mit marinierten Tomaten garnieren.

Gebackene Makrelen

Vorbereitungszeit: *40 Minuten*
Garzeit: *50 Minuten*
Schwierigkeitsgrad: ★★

Für 4 Personen

8	Makrelen
100 g	Mehl
	Salz
	Pfeffer
250 ml	Olivenöl
2	Knoblauchzehen, zerdrückt
12	Tomaten, fein gewürfelt
400 ml	Weißwein
1 Zweig	frische Minze
2 EL	Kapern

Seit acht Jahren führt Michael Cauchi mit seiner Frau das renommierte Fischrestaurant *Il Re del Pesce* in Marsascala. Das Rezept für die frittierten Fische in Tomatensauce ist dort entstanden.

Die maltesischen Fischer fahren in bunt bemalten und mit einem Glück bringenden »Auge« am Bug versehenen Booten auf traditionellen Fischfang. Die Boote namens *luzzu* sind beliebte Motive auf Postkarten und Postern.

Der beste Fang wird auf dem Markt von Marsaxlokk angeboten. Unser Küchenchef bereitete dieses Gericht anfangs mit Gelbstriemen-Brassen zu. Sie sind von goldgelber Farbe, haben große Augen, einen langen Körper, kleine Brustflossen und stachelige Streifen auf der Rückenflosse. Sie können durch die leichter erhältliche Makrele ersetzt werden, am besten verwendet man dazu die »spanische Makrele«. Sie besitzt ein weißeres Fleisch und eine gestreifte Rückenflosse, grau-bläuliche Flecken an den Seiten und auf dem Bauch und eine durchscheinende Hautzone zwischen den Augen. Pressen Sie nach dem Braten eine Zitrone über dem Fisch aus.

Für die Sauce häuten Sie die Tomaten und schneiden sie in kleine Würfel. Die auf Malta weit verbreiteten Kapern bereichern die Sauce durch ihr Aroma.

Legen Sie die Makrelen zum Servieren auf die Sauce, anstatt sie damit zu übergießen. So bleibt die appetitliche Bräunung der Fische sichtbar.

Makrelen am Bauch aufschneiden und ausnehmen. Fische abspülen, trockentupfen und innen salzen.

Das Mehl auf einen Teller geben, salzen, pfeffern und die Makrelen darin wenden.

Makrelen in 200 ml sehr heißem Olivenöl ca. 5 Minuten von beiden Seiten braten.

Den Knoblauch in Olivenöl anbraten. Tomaten und den Weißwein zugeben und bei starker Hitze gut rühren.

Sobald die Sauce gebunden ist, die gehackte Minze und gehackte Kapern zugeben.

Die Tomatensauce in eine Auflaufform geben, die Makrelen darauf legen und im Ofen bei 160 °C 25 Minuten backen.

Languste mit

Vorbereitungszeit: *30 Minuten*
Garzeit: *40 Minuten*
Schwierigkeitsgrad: *

Für 4 Personen

2	Langusten
150 ml	Olivenöl
500 g	Kirschtomaten
3	Knoblauchzehen, gehackt
10 Zweige	glatte Petersilie, gehackt
4–5 Zweige	frischer Koriander, gehackt
600 ml	Weißwein
8 EL	Flüssigkeit vom Seeigel

Michael Cauchi, einer der Spezialisten für Fisch und Meeresfrüchte auf Malta, empfiehlt mit diesem Rezept eine Sauce zur Languste, die im ganzen Mittelmeerraum beliebt ist. Die Mischung aus Kirschtomaten, Knoblauch, Kräutern und Olivenöl verfeinert unser Küchenchef jedoch mit einem gastronomischen Highlight: der Flüssigkeit von Seeigeln.

Langusten gibt es rund um Malta in Hülle und Fülle – die »kubanischen« eignen sich für dieses Rezept genauso wie die griechischen *chicala*. Im Zweifelsfall kann auch Hummer verwendet werden.

Die in Olivenöl angebratenen Tomaten, den Knoblauch und die Kräuter löscht Michael Cauchi mit maltesischem Weißwein ab. Nur drei große Weingüter gibt es auf Malta neben etlichen kleinen Weinbauern, die eine Vielzahl von Rebsorten keltern. Seit die Phönizier die Rebe auf die Insel brachten, ist ihre Bedeutung stark zurückgegangen.

Die jodhaltigen Seeigel sind von Tauchern wegen ihrer Stacheln gefürchtet, bereichern dieses Gericht aber mit ihrem kräftigen Aroma. Nur weibliche Tiere werden verzehrt. Die Fischer schneiden sie quer auf und schlürfen sie roh, nur mit etwas Zitronensaft beträufelt.

Verwenden Sie nur ganz frische Seeigel. Sobald sie geöffnet sind, lassen sich die orangefarbene Flüssigkeit und die »Zungen« einfach mit einem Löffel herausholen. Wer den speziellen Geschmack des Seeigels nicht mag, kocht die Sauce einfach ohne diese Zutat, denn einen Ersatz gibt es nicht.

Den Langustenschwanz gerade ziehen, auf den Rücken drehen und die ganze Languste der Länge nach durchschneiden. Beide Hälften unter fließendem Wasser säubern.

Langustenhälften je 5 Minuten in 100 ml Olivenöl abgedeckt von beiden Seiten braten, dann in eine Auflaufform geben und 20 Minuten bei 180 °C backen.

Kirschtomaten mit Knoblauch und Kräutern 5 Minuten in 50 ml Olivenöl anbraten. Mit Weißwein ablöschen. 5 Minuten kochen und pürieren, einige Tomaten zum Garnieren zurückbehalten.

Seeigelsuppe

Die Sauce durch ein feines Sieb seihen.

Die Seeigel-Flüssigkeit in die Sauce geben und verrühren.

Die Langustenhälfte auf einem Teller anrichten, mit Sauce übergießen und mit Kirschtomaten und Petersilienblättchen garnieren.

Zackenbarschfilet

Vorbereitungszeit: *35 Minuten*
Marinieren: *1–2 Stunden*
Garzeit: *50 Minuten*
Schwierigkeitsgrad: ★

Für 4 Personen

600 g	frische Okraschoten
1	Zitrone
	Salz
1 kg	Zackenbarschfilet
100 g	Zwiebeln
1	Knoblauchzehe
200 g	Tomaten
80 ml	natives Olivenöl extra
	Pfeffer
25 g	glatte Petersilie

Die kretischen Küstenbewohner sind Meister darin, Fisch und Meeresfrüchte dem täglichen Speiseplan anzupassen. In Malia, Sitia und Rethymnon gehört der Zackenbarsch mit Okraschoten zu den beliebtesten Gerichten.

Der Zackenbarsch, den Michalis Markakis für dieses Rezept gewählt hat, ist ein großer Fisch mit feinem Fleisch, gefleckten Seiten und einem vorspringenden Maul. Auf Kreta bekommt man kleinere Fische (1–2 kg), die man im Ganzen gart. Da die Mittelgräte des Fisches leicht zu entfernen ist, kann das Filet ohne jede Bedenken verzehrt werden. Goldbrasse oder Rötling sind ebenso geeignet.

Okraschoten sind etwa so groß wie Cornichons und vor allem in Nordafrika, Schwarzafrika und auf den Antillen beliebt. Sie passen gut zu Tomaten und Zwiebeln.

Die Schoten enthalten eine gelatineartige Substanz, die zum Binden von Saucen genutzt wird. Um diese Substanz zu entfernen, werden die Okras gesalzen, mit Zitronensaft oder Essig beträufelt und vor der Verwendung abgespült. Sie behalten so ihren Biss, und die Garzeit wird etwas reduziert.

Traditionell wird das Gericht mit Petersilie bestreut, bevor es gebacken wird. Unser Küchenchef empfiehlt, die Petersilie nach dem Garen zuzugeben, dann bleibt sie schön aromatisch und voller Vitamine.

Okraschoten abspülen und die winzigen Blättchen am Stielansatz abschneiden. Pelzige Stacheln abschaben.

Okraschoten auf einen Teller legen, mit dem Saft einer halben Zitrone beträufeln und großzügig salzen. 1–2 Stunden marinieren, danach unter fließendem Wasser abspülen.

Fischfilets in Einzelportionen teilen. Die Zwiebeln und den Knoblauch schälen und fein hacken, die Tomaten häuten und pürieren.

mit Okra

Zwiebeln und den Knoblauch in heißem Öl 5 Minuten anbraten, mit Zitronensaft ablöschen. Tomatenpüree zufügen, salzen, pfeffern und 15 Minuten köcheln lassen.

Okraschoten und Fischfilets in eine Auflaufform geben und mit Tomatensauce übergießen. Im Ofen 30 Minuten bei 170 °C backen.

Wenn das Gemüse und der Fisch gar sind, Auflaufform aus dem Ofen nehmen, mit Petersilie bestreuen und heiß servieren.

Stockfisch mit

Vorbereitungszeit:	*25 Minuten*
Garzeit:	*40 Minuten*
Wässern des Stockfischs:	*12 Stunden*
Schwierigkeitsgrad:	*★*

Für 4 Personen

1 kg	Stockfisch
200 g	Kartoffeln
2	Zwiebeln
500 g	Porree
2	Selleriestangen
4	mittelgroße Tomaten
300 ml	natives Olivenöl
200 g	Mehl
	Salz
	Pfeffer
3 Bund	glatte Petersilie

Das Gericht ist auf Kreta sehr beliebt. Die Gemüsezubereitung ist unter ihrem eigenen Namen *yachni* bekannt.

Der Stockfisch wird in allen Regionen der Insel zubereitet. Er ist preiswert und das ganze Jahr über erhältlich. Nur die Küstenbewohner Kretas haben sich immer schon ausgiebig von Fisch und Meeresfrüchten ernährt, die reichlich frisch gefangen werden. Die Einwohner des Berglandes hingegen mussten sich lange Zeit mit Stockfisch zufrieden geben, den sie mit frischem Gemüse, Hülsenfrüchten oder wilden Kräutern zubereiteten. Dabei ist der Stockfisch ein Importprodukt, denn der Kabeljau, aus dem er hergestellt wird, lebt in den kalten Gewässern um Island und Skandinavien. Der harte und trockene Fisch wird in große Stücke geteilt und bis zu 48 Stunden gewässert. Dazu legt man ihn am besten in ein Sieb, das man in einen Topf mit kaltem Wasser hängt. So kann sich das Salz vom Fisch lösen. Nach dem Wässern werden die Stücke gut abgespült.

Der Porree spielt in der Gemüsemischung die Hauptrolle, aber auch die Tomaten geben neben der leichten Färbung ihr Aroma dazu, ebenso wie der Sellerie. Sie können den Porree durch Blumenkohl ersetzen. Das Gemüse kann ebenfalls direkt mit dem Stockfisch gekocht werden, wodurch das Gericht leichter wird. Das Gemüse verliert dadurch allerdings an Farbe und Form.

Den Stockfisch am Vortag vorbereiten: Die Flossen abschneiden, den Fisch der Länge nach teilen und in Rechtecke mit ca. 10 cm Kantenlänge schneiden. 12 Stunden in kaltem Wasser einweichen.

Kartoffeln und Zwiebeln schälen, den Porree und den Sellerie putzen und das Gemüse in Stücke schneiden. Die Tomaten würfeln.

Das Gemüse in etwas heißem Olivenöl 10–15 Minuten unter regelmäßigem Rühren dünsten.

Porreegemüse

Stockfischstücke abspülen, mit Küchenpapier trockentupfen und in Mehl wenden.

Das Olivenöl sehr heiß werden lassen, die Fischfilets hineingeben und von beiden Seiten anbraten.

Die Fischstücke zu dem gedünsteten Gemüse geben, salzen und pfeffern. Alles 15 Minuten köcheln lassen. In tiefen Tellern mit Petersilie garniert heiß servieren.

Reis mit Felsenfischen

Vorbereitungszeit: *45 Minuten*
Garzeit: *1 Stunde 10 Minuten*
Schwierigkeitsgrad: ★★★

Für 4 Personen

Fischfond:

	Schalen und Köpfe der Garnelen
2–3 Zweige	Kerbel
1	Lorbeerblatt
2–3 Zweige	Petersilie
200 ml	Olivenöl
1	Porreestange
1	Frühlingszwiebel
½	Zwiebel
	Fischgräten
2 EL	Paprikapulver
3–4	Tomaten

Reis:

8	Miesmuscheln
8	Teppichmuscheln
8	Garnelen
1	Kalmar (Tintenfisch)
1	Drachenkopf oder Seekuckuck
2	Drachenfische
1	Streifenbrasse
100 ml	Olivenöl
200 g	Reis
50 g	Zuckererbsen

Petersilienpesto:

2	getrocknete *Niora*-Schoten oder 2 TL Paprikapulver
½ Bund	Petersilie
2	Knoblauchzehen

Die Fischer der Balearen schätzen Fischgerichte auch sehr in Form von Suppe oder als Reisgericht wie dieses.

Die Zutaten richten sich nach dem Fang: Unser Küchenchef verwendet gern Drachenkopf und lokale Felsenfische (*sardos, rata* o. Ä.). Wir haben sie durch Seekuckuck, Streifenbrasse und Drachenfische (auch Petermännchen genannt) ersetzt. Taucher fürchten die kleinen Fische zu Recht, da ihre Flossen mit giftigen Stacheln besetzt sind. Achten Sie beim Kauf darauf, dass sie sorgfältig entfernt wurden.

Der Seekuckuck aus der Familie des Knurrhahns ist an seinem dicken Kopf auf dem orange-roten Körper und den kugelförmigen Augen auf dem Scheitel zu erkennen. Drückt man auf seine Schwimmblase, ertönt das charakteristische Knurren, das der Familie den Namen verliehen hat.

Der Drachenkopf hat einen großen Kopf und einen getüpfelten, stacheligen Körper. Der im Mittelmeer häufig vorkommende Raubfisch lebt in 20–50 Meter tiefem Wasser im Sand oder an bewachsenen Felsen.

Zum Ende der Garzeit gibt man ein Petersilienpesto zum Reis. Knoblauch und Petersilie verbinden sich dabei mit *Niora*, einer kleinen, dicken Schote von dunkelroter Farbe und mildem Aroma. Vor Verwendung wird die Schote eingeweicht und das Fruchtfleisch ausgekratzt.

Zum Garnieren reservieren Sie einige Fischstücke, Garnelen und Kalmar, die Sie separat anbraten. Geben Sie den Reis in einen tiefen Teller und die angebratenen Stücke sowie die Zuckererbsen dazu.

Die Niora-Schoten einweichen. Muscheln kochen, kalt abschrecken und das Muschelfleisch auslösen. Die Garnelen schälen, den Kalmar ausnehmen, abspülen und in Ringe schneiden. Alle Fische filetieren.

Fischfond: Abfälle der Garnelen mit den Kräutern 5 Minuten in heißem Öl anbraten. Den grob zerteilten Porree, die Frühlingszwiebel, die Zwiebel und Fischgräten zugeben.

Das Paprikapulver und geviertelte Tomaten zugeben, kurz anbraten und 3 l kaltes Wasser zugeben. 20 Minuten kochen und durch ein feines Sieb streichen.

und Meeresfrüchten

Petersilienpesto: Die Petersilie mit dem Knoblauch und den Niora-Schoten in einem Mörser zerstoßen.

Fischfilets und Kalmar in etwas Olivenöl scharf anbraten. 2½ l abgeseihte Bouillon zugießen und aufkochen.

Den Reis zur Bouillon geben und 5 Minuten köcheln lassen. Das Petersilienpesto und die Erbsen zufügen, 20 Minuten kochen und heiß servieren.

Gefüllte Sardinen

Vorbereitungszeit: *30 Minuten*
Garzeit: *45 Minuten*
Schwierigkeitsgrad: ★

Für 4 Personen

12	Sardinen à 150 g
1 Bund	frische Minze
400 g	*brocciu* (korsischer Frischkäse)
2	Eier
	Salz
	Pfeffer
150 g	*tomme* (korsischer Käse)

Tomatensauce:

1	Zwiebel, gehackt
50 ml	Olivenöl
½ Bund	Petersilie, fein gehackt
1	Knoblauchzehe, zerdrückt
500 g	Tomaten, fein gewürfelt
	Salz
	Pfeffer
50 ml	Weißwein

Zum Garnieren:
Minzeblättchen

Gefüllte Sardinen sind ein typisches korsisches Fischergericht. Es verbindet Küste und Gebirge und kann zusätzlich mit Mangold oder Spinat verfeinert werden.

Auf Korsika ist der Fischfang noch ein verbreitetes Handwerk, und besonders im Frühjahr und Sommer werden Sardinen in großen Mengen gefangen. Die Fische mit dem unvergleichlichen Geschmack sollten etwa 150 g pro Stück wiegen, damit man sie füllen kann. Die Füllung passt auch gut zum Kalmar.

Füllungen werden auf Korsika oft mit *brocciu* zubereitet, dem typischen korsischen Käse mit dem milden Geschmack. Er wird aus Molke, Milch von Schaf oder Ziege und Salz hergestellt und ist durch eine Herkunftsbezeichnung geschützt. Zu dem cremigen Käse passt hervorragend die Minze mit ihrem frischen Aroma, die im Mittelmeerraum wild wächst und besonders reich an Kalzium, Eisen und Vitaminen ist. Seit dem Altertum ist die Minze wegen ihrer anregenden Eigenschaften beliebt. Wenn Sie sie trocknen wollen, hängen Sie sie in einem luftigen, dunklen Raum auf, zerreiben Sie die trockenen Blätter und bewahren Sie sie in fest verschlossenen Gläsern auf.

Dieses maritime Gericht mit seinen appetitlichen Farben kommt natürlich nicht ohne Tomatensauce aus, die mit ihrem fruchtigen Geschmack den *brocciu* und die Sardinen abrundet.

Die Köpfe der Sardinen von Hand abziehen und die Fische ausnehmen. Die Mittelgräten entfernen und die Sardinen abspülen.

Die Minze waschen, die Blättchen abzupfen und fein hacken.

Brocciu mit Eiern und Minze mischen, salzen und pfeffern.

Tomatensauce: Die Zwiebel im Olivenöl anbraten, die Petersilie, den Knoblauch und die Tomaten zugeben, salzen und pfeffern. Den Weißwein zugießen, 15 Minuten köcheln lassen und im Mixer pürieren.

Sardinen mit der Käsemischung füllen.

Die Tomatensauce in eine Auflaufform füllen, Sardinen darauf legen. Mit tomme belegen und im Ofen bei 180 °C 30 Minuten überbacken. Mit Minze garnieren und heiß servieren.

Sepia in Honigsauce

Vorbereitungszeit: *20 Minuten*
Garzeit: *35 Minuten*
Schwierigkeitsgrad: ★

Für 4 Personen

1 kg	ausgenommene und gesäuberte Sepia oder Kalmar (Tintenfische)
200 ml	natives Olivenöl
100 ml	Rotweinessig
50 g	Honig
	Salz
	Pfeffer
50 g	frischer Rosmarin

Dieses traditionelle Gericht wird auf Kreta besonders in der Fastenzeit zubereitet, wenn es den Gläubigen nicht gestattet ist, Fleisch oder Erzeugnisse von Fleischtieren (Butter, Eier, Käse) zu essen. Fisch und Meeresfrüchte sind von dem Verbot ausgenommen.

Um die Vorbereitung zu vereinfachen, empfiehlt unser Küchenchef küchenfertige Sepien. Sollten Sie diese nicht bekommen, entfernen Sie Kopf und Innereien, den Knorpel und die Haut und spülen den Körperbeutel gut ab, indem Sie ihn umstülpen.

Die abgespülten Beutel müssen gut abgetupft werden, damit sie während des Bratens nicht »explodieren«. Trotzdem sollten Sie einen Deckel auf die Pfanne legen, falls doch etwas Öl spritzt.

Sepia ist für dieses Rezept gut geeignet, da ihr Fleisch fest bleibt. Wenn Sie Kalmar verwenden, panieren Sie ihn vor dem Braten in Mehl, damit er schön braun, aber nicht zu weich wird.

Die typisch kretische süß-saure Honigsauce *oxymeli* passt gut zu Fisch, Meeresfrüchten, Schnecken und Salat. Der Legende nach verbrachte Zeus seine Jugend auf Kreta, wo er von Ziegenmilch und dem Honig lebte, den die Bienen auf seine Lippen träufelten. Der Nektar gilt seitdem als Grundnahrungsmittel, Süßungsmittel und Medizin.

Die Sauce enthält auch Rosmarin, der das native Olivenöl, das zu jedem kretischen Gericht gehört, fein aromatisiert. Die kleinen, nadelförmigen Blätter des Heilkrautes haben seit der Antike ihren Platz in der kretischen Küche.

Körperbeutel aufschneiden und in große Rechtecke teilen.

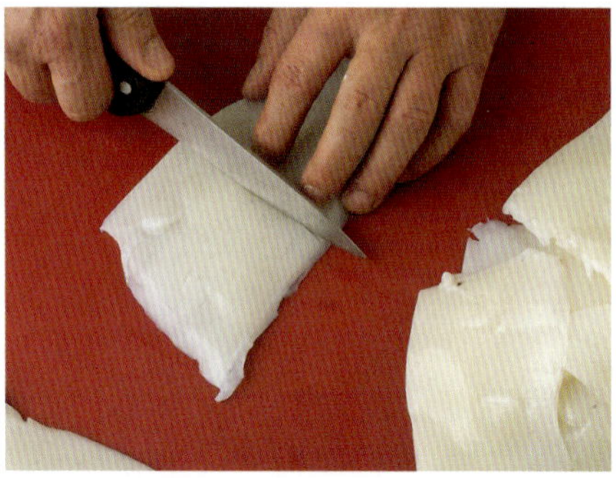

Das Olivenöl in einer Pfanne erhitzen und die Sepiastücke jeweils 10 Minuten bei starker Hitze braten.

Sepiastücke in eine Auflaufform geben. Das Öl in der Pfanne belassen.

Den Rotweinessig zum Bratöl geben, Honig, Salz, Pfeffer und Rosmarinblättchen zufügen. Alles aufkochen und 3–4 Minuten eindicken lassen, dabei umrühren.

Die Sepiastücke mit der Sauce übergießen und 10 Minuten im Ofen bei 220 °C backen.

Sepiastücke wenden und nochmals 10 Minuten backen.

Tintenfischeintopf

Vorbereitungszeit: *30 Minuten*
Garzeit: *1 Stunde 5 Minuten*
Schwierigkeitsgrad: ★★

Für 4 Personen

1	Tintenfisch à 1,5 kg
4	Knoblauchzehen, gehackt
1	rote Zwiebel, gehackt
6	große Tomaten, geviertelt
100 ml	Olivenöl
3	Selleriestangen, gewürfelt

1 Bund	frische Minze, gehackt
1 Bund	frischer Majoran, gehackt
1 Bund	frisches Basilikum, gehackt
600 ml	Rotwein
	Salz
	Pfeffer
4	Artischocken
1	Zitrone
8	schwarze Oliven
500 g	gekochte Schnecken ohne Haus
1	*ftira* oder Ciabatta-Brot

Der Tintenfischeintopf wird auf Malta traditionell in der Fastenzeit und am Karfreitag serviert. Durch den Tintenfisch und die Schnecken gerät er sehr gehaltvoll und ersetzt ohne weiteres ein Fleischgericht. Michael Cauchi bietet den Eintopf in seinem Restaurant *Il Re del Pesce* in Marsascala im Osten Maltas an.

Der Küchenchef verrät Ihnen sein besonderes Geheimnis für einen gelungenen Eintopf: Lassen Sie die Arme des Tintenfischs in ihrem eigenen Saft bei starker Hitze schmoren, bis sie zart sind. Wenn Sie sie später mit dem Gemüse und dem Wein schmoren, geben Sie falls nötig Wasser zu.

Auch wenn Schnecken oft noch lebend gekocht werden, wird hier die angenehmere Variante der küchenfertig vorbereiteten Schnecken bevorzugt. Wer lebende Schnecken verwenden möchte, lässt die Tiere einige Tage in einer verschlossenen Kiste fasten und reinigt sie vor dem Kochen sehr sorgfältig unter fließendem Wasser. Mit einem Holzspieß lassen sich die gekochten Schnecken leicht aus den Gehäusen holen.

Die Malteser tunken die Sauce dieses gehaltvollen Gerichts mit *ftira*, dem typischen ringförmigen Fladenbrot auf. Es wird in Steinöfen gebacken, hat eine feste, weiße Krume und passt ungetoastet oder gegrillt hervorragend zu diesem Eintopf.

Tintenfische in Stücke schneiden und in ihrem eigenen Saft 30 Minuten schmoren lassen, bis sie sich rot verfärben. Arme abtropfen lassen und beiseite stellen.

Knoblauch, Zwiebel und Tomaten 5 Minuten in 50 ml Olivenöl dünsten. Sellerie, Kräuter und Tintenfischstücke zufügen.

Den Rotwein zugießen, salzen und pfeffern, aufkochen und die Flüssigkeit auf die Hälfte reduzieren.

Die harten Blätter der Artischocken und die Stielansätze vom Blütenboden entfernen, Artischocken vierteln und in kaltes Wasser mit Zitronensaft setzen.

Artischocken und schwarze Oliven zum Eintopf geben, aufkochen und 10 Minuten köcheln lassen.

Wenn die Artischocken weich sind, die Schnecken zugeben und 5 Minuten kochen. Zum Servieren mit Olivenöl übergießen, mit Basilikum garnieren und dazu Brot reichen.

Thunfisch mit

Vorbereitungszeit: *30 Minuten*
Garzeit: *10 Minuten*
Schwierigkeitsgrad: ★

Für 4 Personen

50 g	Paniermehl
50 ml	Weißweinessig
4	Knoblauchzehen
100 g	geschälte Mandeln
100 ml	Olivenöl

½ Bund	Petersilie
	Salz
	Pfeffer
4	Thunfisch-Steaks
50 g	Mehl
1 TL	Butter

Zum Garnieren:
Olivenöl mit Petersilie

Dieses besonders in Syrakus beliebte Gericht wird traditionell vor allem zur Zeit der Thunfischwanderung im Frühjahr und Sommer zubereitet.

Die sizilianische Küste ist extrem fischreich. Die archaische Fangtechnik *mattanza*, mit der Jagd auf Thunfische gemacht wird, stammt aus der spanischen Zeit der Insel und wird noch heute als Spektakel inszeniert.

Der Fangtag beginnt mit einer Morgenmesse und dem Segnen der Boote. Zum Klang traditioneller Gesänge werfen die Fischer ihre Netze rings um die Fischbänke aus. Der auf diese Art gefangene Thunfisch wird in einem Geleitzug an Land gebracht.

Der seit der Antike beliebte Thunfisch zeichnet sich durch fettreiches, aromatisches Fleisch aus. Mit der Mandelsauce wird die Verbindung zwischen Meer und Inselinnerem hergestellt. Wenn der Winter zu Ende geht, verwandeln die Mandelbäume die Region von Agrigente in ein Blütenmeer.

Im römischen Imperium als »griechische Nüsse« bereits hoch geschätzt, bereichern Mandeln Saucen, Nudeln, Fleisch und Fisch. Wenn Sie die Mandeln selbst abziehen wollen, geben Sie sie einige Minuten in kochendes Wasser. Abgetropft und abgekühlt lassen sie sich problemlos zwischen Daumen und Zeigefinger aus der braunen Haut drücken.

Das Gericht vereint alle Aromen, die die Gaumen der Mittelmeeranwohner erfreuen.

Paniermehl mit 25 ml Weißweinessig mischen.

Knoblauchzehen und Mandeln schälen, grob hacken und in einem Mörser zerstoßen. 50 ml Olivenöl zugeben und nochmals stampfen.

Das Paniermehl und die gehackte Petersilie zugeben, salzen, pfeffern und weiter stampfen.

Mandelsauce

Den Rest Weißweinessig zugeben und gut vermischen.

Thunfisch-Steaks in Mehl wenden.

Die Butter mit dem restlichen Olivenöl erhitzen, den Thunfisch braten, abtupfen, salzen und pfeffern. Thunfisch mit der Sauce bedecken und mit Petersilienöl garniert heiß servieren.

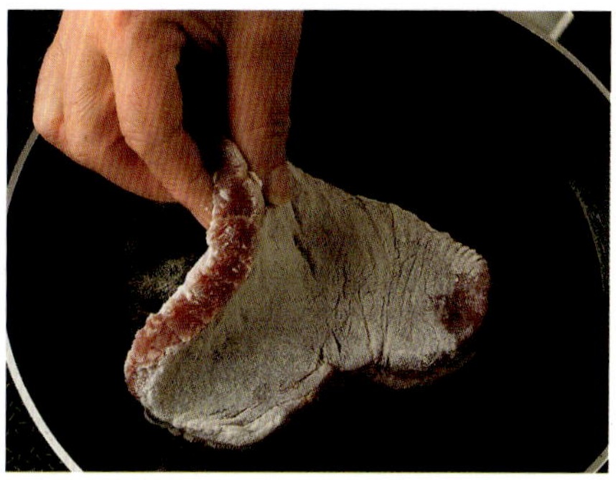

Seebarschpäckchen

Vorbereitungszeit: *40 Minuten*
Garzeit: *40 Minuten*
Schwierigkeitsgrad: ★

Für 4 Personen

12	große Spinatblätter
600 g	Seebarschfilet
	Salz
	gemahlener Pfeffer

Füllung:

300 g	*brocciu* (korsischer Frischkäse) oder Ricotta
½ Bund	Petersilie, fein gehackt
1 Zweig	Majoran, fein gehackt
200 g	Spinat, gehackt
	Salz
	Pfeffer
1	Ei

Tomatensauce:

12 Blättchen	Basilikum, fein gehackt
5 Zweige	Petersilie, fein gehackt
1	Frühlingszwiebel
2	Knoblauchzehen, zerdrückt
50 ml	Olivenöl
300 g	reife Tomaten, gewürfelt
	Salz
	Pfeffer

Zum Garnieren:

Kirschtomaten
Basilikum
schwarze Oliven

Dieses raffinierte Gericht ist eine Kreation unseres Küchenchefs, der darin auf wunderbare Weise den Fisch der Küstenregion mit dem Käse und Gemüse des Hochlandes verbindet. Die Füllung auf der Grundlage des korsischen Frischkäses *brocciu* ist an traditionelle Rezepte angelehnt. Die Zubereitung ist ganz einfach.

In korsischen Hirtenfamilien bekam die Braut von ihrer Schwiegermutter zur Hochzeit Sauermilch geschenkt. Diese Tradition zeigt den Stellenwert, den der Käse auf der Insel hat. Der berühmte *brocciu* wird aus Molke und Vollmilch von Ziege oder Schaf hergestellt und besitzt eine geschützte Herkunftsbezeichnung. Er wird für süße und salzige Speisen verwendet.

Die an traditionelle Rezepte angelehnte Füllung mit frischem Majoran wird oft zu Nudeln serviert, sie passt jedoch ganz hervorragend zum Seewolf, der auch Seebarsch genannt wird. Er besitzt ein feines, festes Fleisch, das sehr mager ist. Je nach Angebot können Sie ihn durch Zahnbrasse oder Forelle ersetzen, die in den Flüssen Korsikas in großer Anzahl vorkommt.

Zu kleinen Päckchen gepackt, werden die gefüllten Fischfilets mit Spinatblättern umwickelt. Das Gemüse ist im Frühjahr und Herbst frisch erhältlich, kann aber auch durch Mangold ersetzt werden. Die Tomatensauce verleiht dem Gericht mit ihrer roten Färbung und ihrem fruchtigen Geschmack den letzten Pfiff.

Den Spinat waschen. Die Blätter für die Füllung und die 12 großen Blätter getrennt voneinander blanchieren. Die Blätter zum Umwickeln nach dem Blanchieren in Eiswasser abkühlen.

Tomatensauce: Kräuter, Zwiebel und Knoblauch in Olivenöl dünsten. Die Tomaten zugeben, salzen und pfeffern. 30 Minuten köcheln lassen und im Mixer pürieren.

Füllung: Den Käse mit den Kräutern und dem Spinat mischen, salzen und pfeffern. Das Ei zugeben und alles gut kneten.

mit Käsefüllung

Gräten aus dem Fischfilet entfernen. Den Fisch in 24 feinste Filets schneiden.

12 Spinatblätter auslegen, je 1 Fischfilet darauf legen, salzen, pfeffern und etwas Füllung darauf setzen. Mit einem zweiten Filet belegen und alles in das Spinatblatt wickeln.

Tomatensauce in eine Auflaufform geben und gefüllte Päckchen darauf legen. Im Ofen bei 180 °C 8–10 Minuten backen und heiß servieren.

Fleisch & Geflügel

Geschmortes Ziegenfleisch

Vorbereitungszeit: *40 Minuten*
Garzeit: *1 Stunde 5 Minuten*
Schwierigkeitsgrad: ★

Für 4 Personen

½	junge Ziege
50 g	Mehl
60 ml	Olivenöl
	Salz
	Pfeffer
150 g	Tomatenmark
½ Bund	Petersilie, gehackt
5	Knoblauchzehen, zerdrückt
300 ml	Rotwein
2	Lorbeerblätter

Polenta:

	Salz
250 g	Kastanienmehl

Zum Garnieren:

	Lorbeerblätter

Auf Korsika ist dieses Gericht mit Fleisch von jungen Ziegen und Kastanienpolenta besonders zur Osterzeit sehr beliebt.

Die Korsen sind ihrer Hirtentradition noch immer tief verbunden. Früher war die Aufzucht von Schaf und Ziege die einzige Einkommensquelle im Hochland von Niolo, wobei junge Ziegen in der Küche besonders geschätzt wurden. Nur männliche Tiere werden vor Ostern und Weihnachten ganz jung geschlachtet, da die weiblichen wegen ihrer Milch gebraucht werden. Das Ziegenfleisch kann auch durch Lamm ersetzt werden. Das Fleisch wird lange in Rotwein geschmort, wodurch es sein ganzes Aroma entfaltet. Unser Küchenchef verwendet einen typisch korsischen Wein, den *Nielluccio*, der seit der Antike bekannt ist. Ersatzweise kann ein schwerer Rotwein aus dem Südosten Frankreichs verwendet werden.

Zu diesem Gericht gehört traditionell die Kastanienpolenta, die sich durch eine scharf-süßliche Note auszeichnet. Der Kastanienbaum wächst hauptsächlich in der Region Castagniccia, und seine Früchte werden auf Korsika seit Urzeiten als Gemüse betrachtet. Die Kastanien oder *maroni* werden gesammelt und einen Monat lang geräuchert, bevor sie zu Mehl vermahlen werden. Von Dezember bis Mai sind sie auf Korsika im Handel erhältlich. Dieses Rezept kann alternativ mit Maismehl zubereitet werden.

Ziegenfleisch waschen, zerteilen und die Stücke in Mehl wenden.

Die Fleischstücke je eine Minute von allen Seiten in Olivenöl anbraten. Das Fleisch salzen, pfeffern und beiseite stellen.

Das Tomatenmark, die Petersilie und den Knoblauch mischen. Den Rotwein und 150 ml Wasser zugießen und umrühren.

mit Kastanienpolenta

Das Fleisch in einen Bräter geben und mit der Rotweinmischung übergießen, Lorbeerblätter zugeben und alles mit Alufolie abdecken. Im Ofen 1 Stunde bei 180 °C schmoren.

Das Kastanienmehl in eine Schüssel sieben.

300 ml Salzwasser aufkochen, das Kastanienmehl hineingeben und die Mischung unter Rühren 3 Minuten kochen. Die Polenta in ein Tuch geben und etwas abkühlen lassen. Polenta in Scheiben schneiden und mit dem Fleisch servieren.

Ziegenkotelett mit

Vorbereitungszeit: *20 Minuten*
Garzeit: *55 Minuten*
Schwierigkeitsgrad: ★

Für 4 Personen

1 kg	*askolibri* (ersatzweise Löwenzahn oder wilde Zichorie)
2	Zwiebeln, in Ringe geschnitten
150 ml	natives Olivenöl

1 kg	Kotelett von jungen Ziegen
100 ml	Weißwein
	Salz
	Pfeffer
2	Eier
1	Zitrone
1 Bund	Dill

Bei diesem traditionellen Frühjahrsgericht verbindet sich das zarte Ziegenfleisch mit frischen Wildkräutern in einer typisch griechischen Sauce mit Eiern und Zitronensaft.

Bereits vor 4000–5000 Jahren hielten die Minoer auf Kreta Schafe, Ziegen und Rinder. Ziege und Lamm sind heute die beliebtesten Fleischsorten, zu Ostern sind sie besonders zart. Die beiden Sorten können gegeneinander ausgetauscht werden. Das Aroma des kretischen Ziegenfleischs profitiert von den wilden Kräutern, die die frei lebenden Tiere in den Gebirgsregionen fressen. Statt mit Kotelett kann das Gericht auch mit anderen Fleischstücken zubereitet werden.

Das kretische Originalrezept wird mit einer Wildpflanze namens *askolibri* zubereitet, deren lange, stachelige Stängel mit gezackten Blättern besetzt sind. Schon Homer kannte *askolibri*, und einige Jahrhunderte später empfahlen Plinius und Dioskorides die in Wein gekochte Wurzel als Mittel zur Körperreinigung. Heute werden *askolibri*-Stängel gekocht als Salat verzehrt. Wo die Pflanze nicht erhältlich ist, wird das Rezept mit Löwenzahn oder wilder Zichorie zubereitet.

Die Zitronen-Ei-Sauce *avgolemono* gehört zu vielen Gerichten, verlangt aber viel Aufmerksamkeit bei der Zubereitung: Die Eier dürfen nicht ohne den Zitronensaft kochen. Sobald die Sauce über das Fleisch gegeben ist, wird der Topf schnell über dem Herd geschwenkt und umgehend serviert.

Wurzel, Blätter und Stacheln von den askolibri entfernen und die Stängel in Stücke schneiden. Alternativ: Löwenzahn oder wilde Zichorie waschen und in Stücke schneiden.

Zwiebeln in Öl anbraten und die Koteletts zugeben. Wenn das Fleisch gebräunt ist, den Wein zugießen und 5 Minuten bei starker Hitze kochen.

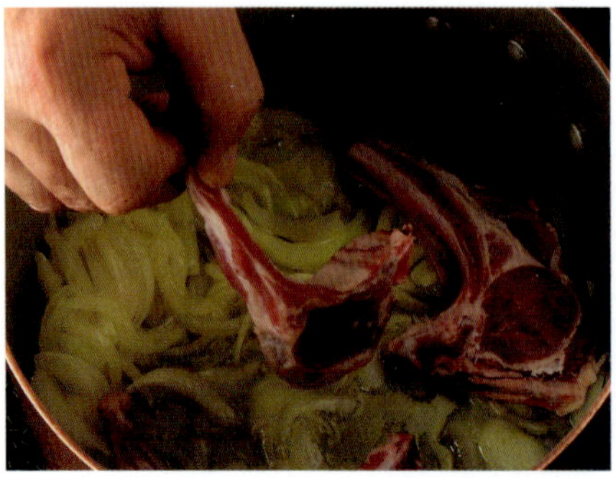

Askolibri 5 Minuten in kochendem Wasser blanchieren. Alternativ: Löwenzahn oder wilde Zichorie 3 Minuten blanchieren.

Wildkräutern in Zitronensauce

Das Gemüse zum Fleisch geben, salzen, pfeffern und 5 Minuten köcheln lassen. Mit Wasser auffüllen und zugedeckt 30 Minuten köcheln lassen.

Zwei Eiweiß cremig schlagen. Eigelb verquirlen und unter den Eischnee ziehen. Den Zitronensaft und unter Rühren nach und nach etwas Kochsud vom Fleisch zugeben.

Die Sauce in den Topf mit dem Fleisch geben, dabei kräftig umrühren. Mit Dill garnieren und sofort servieren.

Gefülltes Hähnchen

Vorbereitungszeit: *1 Stunde*
Garzeit: *1 Stunde 5 Minuten*
Schwierigkeitsgrad: ★★★

Für 4 Personen

1	Brathähnchen à 800 g
400 g	Miesmuscheln
2	Knoblauchzehen
300 g	vorgekochter Hartweizengrieß
1 TL	Butter
70 g	frische Minzeblättchen, gehackt
40 g	entsteinte grüne Oliven, geschnitten
1	Zwiebel, gehackt
100 g	Tomaten, fein gewürfelt
40 g	gemahlene Mandeln
	Salz
	schwarzer Pfeffer
2 EL	Olivenöl
4	Zitronen
50 ml	Weißwein

Zum Garnieren:
Lorbeerblätter
Zitronenzeste

Diese Spezialität stammt aus der Region um Trapani und lässt Köstlichkeiten aus dem Meer eine feine Verbindung mit dem Geflügel eingehen. Das Gericht wird hauptsächlich zu Ostern und Weihnachten zubereitet.

Das Aufwändigste an der Zubereitung ist das Entbeinen des Hähnchens. Alle Knochen müssen ausgelöst werden. Bitten Sie evtl. Ihren Metzger, das für Sie zu erledigen. Für 4 Personen reicht ein kleines Brathähnchen – für Familienfeste auf Sizilien werden 2–3 kg schwere Tiere gefüllt.

Das Hähnchen wird mit der Füllung um die ganze Vielfalt typisch sizilianischer Aromen bereichert: Minze, Oliven, Zwiebeln, Tomaten, Mandeln, Grieß und nicht zu vergessen die Muscheln! Letztere müssen sehr sorgfältig ausgesucht werden. Verwenden Sie nur fest geschlossene Muscheln mit unbeschädigter Schale. Säubern Sie sie sorgfältig und entfernen Sie den Bart. Seihen Sie den Sud ab, bevor Sie ihn weiterverwenden.

Von tunesischen Fischern nach Sizilien gebracht, hat der Grieß seinen Siegeszug besonders in den Regionen Trapani und Pantelleria angetreten, wo er gern für Couscous mit Fisch verwendet wird. In der Füllung nimmt der Grieß die Aromen der anderen Zutaten auf; er kann durch Reis ersetzt werden.

Das Hähnchen entbeinen. Von der Wirbelsäule ausgehend alle Knochen auslösen, auch den Hals entfernen.

Miesmuscheln säubern und in Wasser mit den Knoblauchzehen kochen, bis sie sich öffnen. Den Kochsud abseihen und beiseite stellen. Das Muschelfleisch auslösen.

Den Grieß in den Kochsud der Muscheln geben und ca. 4 Minuten kochen. Die Butter zugeben und umrühren.

Minze, Oliven und Zwiebel zum Grieß geben, Muscheln, Tomaten und Mandeln zufügen, salzen und pfeffern.

Das entbeinte Hähnchen salzen, pfeffern, füllen und zunähen. Mit Olivenöl einpinseln und 30 Minuten im Ofen grillen. Den Bratfond auffangen.

Das Hähnchen in einer Auflaufform mit Zitronensaft übergießen. 30 Minuten bei 160 °C backen. Den Bratfond abseihen, mit Weißwein auffüllen. Das Hähnchen mit der Sauce übergießen und mit Lorbeerblättern und Zitronenzesten garniert servieren.

Gefülltes Kotelett

Vorbereitungszeit: *35 Minuten*
Garzeit: *10 Minuten*
Schwierigkeitsgrad: ✯

Für 4 Personen

1	Karree vom Schwein
1	Zwiebel, gehackt
60 ml	Olivenöl
150 g	Paniermehl
	Salz
	Pfeffer

1 Bund	Petersilie, gehackt
2 Msp.	geriebene Muskatnuss
2	Eier
80 g	geriebener Pecorino
50 g	Mehl
1 TL	Butter

Zum Garnieren:

Petersilie
Kirschtomaten

Das gefüllte Kotelett *alla Chiaramonte* erhielt seinen Namen von der kleinen Stadt nahe Ragusa im Herzen Siziliens. Die Zubereitung ist ganz einfach.

Traditionell wird auf der Mittelmeerinsel zu Weihnachten Schweinefleisch gegessen. Das Kotelett, zartes Fleisch aus dem Rückenteil, wird meist gefüllt und zu Linsen, Gemüse oder Kartoffeln serviert.

Die Sizilianer lieben vegetarische Füllungen mit einfachen Zutaten. Zwiebeln, Eier, Pecorino und Petersilie werden zusammen mit Paniermehl verwendet, das ursprünglich aus altbackenem Brot hergestellt wurde. Es sorgte früher für willkommene zusätzliche Kalorien und wurde zum Binden von Saucen verwendet.

Sizilien war im Lauf seiner Geschichte immer wieder ein wichtiges Ziel für Besatzer, und die Insulaner zogen für die Küche den größten Nutzen aus den fremden Zutaten, die mit ihnen kamen. Als die Araber im 9. Jahrhundert auf die Insel kamen, brachten sie Gewürze mit betörenden Aromen mit, darunter die Muskatnuss. Sie verleiht der Füllung eine orientalische Note. Die Nuss ist die Frucht des Muskatbaums und etwa so groß wie eine Mandel. Sie bereichert viele Milchspeisen und sollte frisch gerieben werden.

In der sizilianischen Küche wird zum Braten von Fisch und Fleisch gern eine Mischung von Olivenöl und Butter verwendet. Es heißt, dass französische Köche, die im 19. Jahrhundert von adligen Familien nach Sizilien geholt wurden, diese Tradition begründeten.

Das Karree in Koteletts teilen.

Jedes Kotelett seitlich einschneiden.

Die Zwiebel in 25 ml Olivenöl anbraten, Paniermehl zugeben, salzen und pfeffern. Die Petersilie zugeben und alles gut vermengen.

Die Mischung vom Herd nehmen, mit Muskat würzen und Eier zugeben. Den Käse zugeben und abkühlen lassen.

Füllung in die Koteletts geben.

Koteletts zunähen, in Mehl wenden und im restlichen Olivenöl und der Butter braten. Den Faden entfernen, das Fleisch mit Petersilie und Tomaten garniert servieren.

Gefüllte Zucchini

Vorbereitungszeit: *40 Minuten*
Garzeit: *1 Stunde 5 Minuten*
Schwierigkeitsgrad: ★★

Für 4 Personen

4	dicke runde Zucchini
1 l	Rinderbouillon
1 EL	Tomatenmark
200 g	Möhren
1	Kohlrabi
3	Kartoffeln
1	Selleriestange
200 g	frische Erbsen
1	Lorbeerblatt
	Salz und Pfeffer

Füllung:

5	Knoblauchzehen, gehackt
2	große Zwiebeln, gehackt
200 g	roher Schinkenspeck, gewürfelt
50 ml	Maiskeimöl
500 g	Hackfleisch vom Schwein
500 g	Hackfleisch vom Rind
200 g	Weißbrotkrumen
150 g	Paniermehl
1 Bund	glatte Petersilie
250 g	geriebener Parmesan
3	Eier

Auf Malta sind die landwirtschaftlichen Nutzflächen sehr klein, und entsprechend sorgfältig werden sie bebaut. Runde Zucchini, Blumenkohl, Auberginen, rote und grüne Paprika, Artischocken und Tomaten finden ihren Weg auf die lokalen Märkte.

Die gefüllten Zucchini waren früher ein wichtiges Grundnahrungsmittel für Arme. Für die Füllung wurde wenig Fleisch und viel Brot verwendet. Die Bouillon diente als Suppe, die gefüllten Zucchini waren das Hauptgericht.

Die runden Zucchini sind typisch für Malta. Sie haben die Größe eines Tennisballs, eine hellgrüne Schale und werden meist gefüllt serviert. Dabei stehen auch Thunfisch oder Kräuter-Käse-Füllungen hoch im Kurs.

Die Angewohnheit, die Füllung mit Schinkenspeck zu bereichern, stammt aus der langen englischen Besatzungszeit. Überhaupt haben die Briten ihre Spuren in der maltesischen Küche hinterlassen: Warme Sandwiches, gehaltvoller Früchtekuchen, Rindercurry und Pommes frites mit Spiegeleiern haben ihren Platz auf dem ansonsten sehr mediterranen Speiseplan gefunden.

In diesem Rezept trägt die Bouillon mit frischem Gemüse ihr Aroma bei. Wenn Sie die Zucchini nicht in der Bouillon kochen möchten, können Sie sie auch in Weinsauce oder Zitronenwasser schmoren.

Knoblauch, Zwiebeln und Schinkenspeck 5 Minuten in Öl anbraten. Das Hackfleisch zugeben und 10 Minuten braten, dabei umrühren.

Die zerbröselten Weißbrotkrumen, das Paniermehl, die Petersilie und den geriebenen Parmesan zugeben, alles gut vermischen und abkühlen lassen.

Von jeder Zucchini einen Deckel abschneiden und die Früchte aushöhlen.

Die verquirlten Eier zur Hackfleischfüllung geben und gut mischen.

Jede Zucchini füllen. In einem großen Topf die Rinderbouillon mit dem Tomatenmark aufkochen. Zucchini in den Topf setzen und 30 Minuten garen.

Das Gemüse grob würfeln, die Erbsen enthülsen und mit dem Lorbeerblatt, Salz und Pfeffer zur Bouillon geben. Alles 20 Minuten köcheln lassen und heiß servieren.

Kalbsschnitzel

Vorbereitungszeit: *20 Minuten*
Garzeit: *15 Minuten*
Schwierigkeitsgrad: ✶

Für 4 Personen

1	Aubergine
6 EL	Olivenöl
4	Kalbsschnitzel
125 ml	Weißwein
	Salz
	Pfeffer

4 Scheiben	roher Schinken
2 EL	Tomatensauce
8 Blättchen	Basilikum
4 Scheiben	junger Pecorino

Zum Garnieren:
Basilikum

Die Sarden betrachteten die Küste und das Meer noch im letzten Jahrhundert voller Misstrauen, waren doch die Eroberer immer übers Wasser gekommen: Phönizier, Karthager, Römer, Vandalen und Spanier. Die Sarden zogen sich ins unwegsame Bergland zurück und widmeten sich der Viehzucht.

Die Kalbsschnitzel sind eine Spezialität der Region Barbaria im Osten der Insel und werden traditionell an Festtagen im Kreis der Familie verzehrt. Sie sind rasch zubereitet und trotzdem raffiniert.

Das Kalbsschnitzel ist ein besonders zartes Fleisch aus der Keule. Für dieses Rezept wird es mit rohem Schinken, Aubergine und Käse belegt und erhält so sein spezielles Aroma.

Fast die Hälfte der Fläche Sardiniens wird für die Viehzucht genutzt. Folglich spielt auch der Käse auf der Insel eine herausragende Rolle und hier besonders der beliebte Pecorino, der aus Schafsmilch hergestellt wird. In diesem Gericht sorgt er für den zarten Schmelz.

Natürlich gehört zu dem sardischen Gericht eine Tomatensauce, die aus 2 fein gewürfelten Tomaten, ½ Zwiebel, 1 Selleriestange und ½ Möhre besteht, die in Olivenöl mit 2 Knoblauchzehen, 1 Lorbeerblatt und etwas Petersilie 30 Minuten gegart werden. Alle Zutaten werden püriert und mit Basilikum verfeinert.

Die Aubergine waschen, den Stielansatz entfernen und längs in feine Scheiben schneiden.

4 EL Olivenöl erhitzen und die Auberginenscheiben darin braten. Auberginen auf Küchenpapier abtropfen lassen.

Das restliche Olivenöl in einer Pfanne erhitzen, die man in den Ofen stellen kann. Die Kalbsschnitzel auf jeder Seite 2 Minuten braten.

mit Auberginen

Den Weißwein über die Kalbsschnitzel gießen, Salz und Pfeffer zugeben und 4 Minuten dünsten.

Schinkenscheiben auf die Schnitzel legen, mit Tomatensauce übergießen und mit gehacktem Basilikum bestreuen.

Erst Auberginenscheiben, dann den Käse auf den Schinken legen. Im Ofen 4 Minuten bei 200 °C überbacken. Schnitzel auf einem Teller anrichten, mit Tomatensauce umgießen und mit Basilikum garnieren.

Lammfrikassee mit

Vorbereitungszeit: *45 Minuten*
Garzeit: *2 Stunden 15 Minuten*
Schwierigkeitsgrad: ★

Für 4 Personen

1	Lammschulter à 1,4 kg
800 g	Wirsing
200 g	*figatellu* (korsische Wurst, ersatzweiseWildschweinsalami)
60 ml	Olivenöl
	Salz
	gemahlener Pfeffer

200 g	Zwiebeln
40 g	Tomatenmark
500 ml	Fleischbrühe
500 ml	dunkles Bier
1	Bouquet garni (Lorbeer, Thymian)
½ Bund	Petersilie

Auf Korsika pflegt man eine rustikale und gehaltvolle Familienküche. Lange Zeit lebten die Bewohner der »Insel der Schönheit« völlig autark in hoch gelegenen Bergdörfern. Die Frauen verstanden es, aus den wenigen verfügbaren Zutaten abwechslungsreiche, aromatische Gerichte zuzubereiten. Eins davon ist das Lammfrikassee mit Wirsing und korsischer Wurst.

Schafzucht hat es auf Korsika schon immer gegeben, und mit ihr kamen die feinsten Fleisch- und Milchspezialitäten. Die Lämmer leben in Freiheit und ernähren sich von aromatischen Wildkräutern. Ihr Fleisch ist zartrosa und sehr reich an Geschmack. In diesem Rezept empfiehlt unser Küchenchef, die Lammschulter durch Nacken zu ersetzen.

Dieses winterliche Gericht ähnelt einem Eintopf und zeigt mit dem Wirsing seine rustikalen Wurzeln. Seit über 4000 Jahren ist der Kohl in Europa bekannt, im Mittelalter verbreitete er sich auf dem ganzen Kontinent. Seine gesundheitsfördernde Wirkung trug dazu bei, dass der Kohl zum Grundnahrungsmittel wurde.

Der Wirsing ist reich an Vitamin A und C und besitzt einen milden Geschmack. Die Blätter sollten fest geschlossen, frisch und unversehrt sein.

Die typisch korsische *figatellu* gibt dem Schmortopf den besonderen Pfiff. Die Wurst wird aus Schweineleber hergestellt, einige Tage geräuchert und dann getrocknet. Die Korsen lieben sie gebraten oder gegrillt. In diesem Gericht kann sie durch Speck oder Wildschweinsalami ersetzt werden.

Das Lammfleisch in gleichmäßige Würfel schneiden.

Die äußeren Blätter des Wirsings entfernen. Alle Blätter vom Strunk lösen, in Streifen schneiden und waschen.

Die Wurst in dicke Scheiben schneiden und im Olivenöl anbraten. Die Wurst beiseite stellen. In dem Öl die Lammfleischwürfel anbraten, salzen, pfeffern und beiseite stellen.

Wirsing und Wurst

Die Zwiebeln in demselben Öl anbraten, den Kohl zugeben und 10 Minuten dünsten. Das Tomatenmark mit der Fleischbrühe verrühren und zum Kohl gießen.

Das Bier zugießen, 30 Minuten köcheln lassen und das Bouquet garni zugeben.

Das Fleisch und die Wurst zugeben und 1½ Stunden garen. Mit Petersilie bestreuen und heiß servieren.

Schmorhaxe mit

Vorbereitungszeit: *30 Minuten*
Einweichzeit: *12 Stunden*
Garzeit: *1 Stunde 20 Minuten*
Schwierigkeitsgrad: ★

Für 4 Personen

300 g	getrocknete Kichererbsen
800 g	Schweinshaxe ohne Knochen
100 g	Zwiebeln
80 ml	Olivenöl
100 g	reife Tomaten
	Salz
	Pfeffer

In der zentralkretischen Bergregion um den Berg Psiloriti begann das Hochzeitsessen früher bereits am Vorabend: Die Eltern der Braut boten ihrem zukünftigen Schwiegersohn ein Gericht aus Schweinefleisch und Kichererbsen an, zu dem sie einen guten Wein öffneten. Diese Tradition wird heute noch fortgesetzt, meist allerdings mit Kräutergebäck oder Kuchen.

Für dieses Gericht eignet sich die Schweinshaxe am besten, ein Vorderrippenstück oder Rind- oder Lammfleisch sind ebenfalls möglich. Das Fleisch sollte saftig, aber nicht zu fett sein, es verträgt Gewürze wie Lorbeer und Kreuzkümmel.

Schweinefleisch wird auf Kreta häufig zubereitet. In früheren Zeiten wurde das Hausschwein kurz vor Weihnachten geschlachtet, und zum Fest konnte sich die ganze Familie an Fleisch- und Wurstwaren satt essen. Manche Stücke wurden frisch verzehrt, andere geräuchert oder eingemacht. Diese Delikatessen bereicherten den Tisch auch im neuen Jahr an Sonn- und Feiertagen.

Die Kreter sind große Freunde der Energie spendenden Hülsenfrüchte, die sich gut lagern lassen und zu Getreidegerichten, Gemüse und Fleisch passen. Kichererbsen werden mit Tomatensauce serviert oder mit einer Mischung aus Mehl und Zitronensaft beträufelt. Als *mezze* werden sie püriert, als Salat zubereitet oder gebraten und gesalzen. Das Gläschen Ouzo darf dazu nicht fehlen.

Zum Garnieren dieses Gerichts empfiehlt sich Dill oder Petersilie.

Kichererbsen über Nacht einweichen, am Folgetag abgießen und blanchieren. Nochmals abspülen, in kaltes Wasser geben und 30 Minuten kochen (die Zeit bis zum Aufkochen eingerechnet).

Das Fleisch in Würfel schneiden, Zwiebeln schälen und hacken.

Die Zwiebeln in Olivenöl glasig dünsten, das Fleisch zugeben und von allen Seiten anbraten.

Kichererbsen

Die Tomaten halbieren und auf einer Gemüsereibe reiben.

Das Fleisch mit dem Tomatenpüree übergießen, salzen, pfeffern und 20 Minuten köcheln lassen.

Danach gekochte und abgetropfte Kichererbsen zugeben und weitere 20 Minuten köcheln lassen, falls nötig Wasser zugießen. Eintopf mit Dill garnieren und heiß servieren.

Kaninchen mit

Vorbereitungszeit: *1 Stunde*
Garzeit: *1 Stunde 50 Minuten*
Schwierigkeitsgrad: ★★★

Für 4 Personen

1	Kaninchen à 1,5 kg
	Salz
	Pfeffer
100 g	Mehl
	Olivenöl
1	getrocknete *Niora*-Schote
4	dicke Zwiebeln
½	Knolle Knoblauch
1	Lorbeerblatt
1 Zweig	Thymian
3–4 Stängel	Schnittlauch
3–4 Zweige	Petersilie
300 ml	Weinbrand
3	Tomaten
1 EL	Paprikapulver
12	Garnelen

Kräuterpesto:

½	Kaninchenleber
	Olivenöl
2	Knoblauchzehen
4–5 Zweige	glatte Petersilie
1 Zweig	frischer Thymian

Im Jahr 1229 eroberte König Jakob I. von Aragon mit seinen Verbündeten, den katalanischen Grafen von Barcelona, Sóller, den Archipel der Balearen. Die Grafen brachten ihre Kultur und ihre Sprache mit auf die Inseln. Heute ähneln sich die Küche der Balearen und die Barcelonas. Oscar Martínez Plaza, unser Küchenchef in Palma de Mallorca, vereint bei seinem Rezept Kaninchen und Garnelen. In der Bucht von Sóller ist die Hälfte der Fischereiflotte für den Garnelenfang reserviert.

Zwar ist Schwein das beliebteste Fleisch auf den Balearen, doch auch Kaninchenfleisch hat viele Freunde. Den Knochen der Keulen legt unser Küchenchef frei, denn auch das Auge isst bekanntlich mit. Dieses Gericht kann sogar mit Hähnchen zubereitet werden, denn die Garnelen passen auch gut zu Geflügel.

Mit Gemüse und Kräutern angereichert, ist die Schmorflüssigkeit des Kaninchens reich an Aromen. Auch die Niora-Schote gehört dazu, sie wird auf Mallorca – ebenso wie Tomaten – aufgefädelt und zum Trocknen in die Sonne gehängt. Vor der Verwendung muss die Schote gewässert werden. Wenn sie gut eingeweicht ist, kratzt man das Mark mit einem Messer heraus.

Im Originalrezept werden alle Kaninchenteile zusammen gegart, unser Küchenchef brät den Kaninchenrücken jedoch einzeln, damit er zart bleibt. In Stückchen geteilt, wird er mit frittierten Zwiebelringen serviert.

Den Kaninchenrücken auslösen und beiseite legen. Den Rest in kleine Stücke teilen, in Salz, Pfeffer und Mehl wenden, 10 Minuten in Öl anbraten und beiseite stellen. Die Niora-Schote einweichen.

Zwiebelringe (½ Zwiebel zurücklegen), Knoblauch und Kräuter im selben Öl anbraten wie das Fleisch. 100 ml Weinbrand zugeben und den Alkohol verdampfen lassen.

Die Niora-Schote abgießen und das Mark herauskratzen. Das Mark mit zwei pürierten Tomaten und dem Paprikapulver zu den Zwiebeln geben und einige Minuten dünsten.

Garnelen

Gebratene Fleischstücke zugeben und mit Wasser auffüllen, das Fleisch 45 Minuten zart kochen. Die Kaninchenleber braten und mit Knoblauch und Kräutern im Mörser zu Pesto zerstoßen.

Garnelen schälen, Abfälle 5 Minuten in heißem Öl braten. 1 pürierte Tomate und 200 ml Weinbrand zugeben, 10 Minuten bei starker Hitze kochen und die Sauce abseihen.

½ Zwiebel in Ringe schneiden, Zwiebelringe dünsten, in Mehl wenden und frittieren. Den Kaninchenrücken salzen, pfeffern und braten. Das Garnelenfleisch separat dünsten. Die Kaninchenkeulen mit Garnelen und Sauce sehr heiß servieren.

Kaninchen

Vorbereitungszeit: *50 Minuten*
Garzeit: *40 Minuten*
Schwierigkeitsgrad: ✶

Für 4 Personen

1	Kaninchen à 1 kg
2	Möhren
1	Selleriestange
1 Bund	Petersilie
1 Bund	Basilikum
2	Zwiebeln
300 g	Tomaten
70 ml	Olivenöl

1 TL	Butter
50 g	Mehl
50 g	Kapern
1	kleine getrocknete rote Chilischote
	Salz
150 g	entsteinte grüne Oliven
100 ml	Rotwein
100 ml	Weißwein

Zum Garnieren:
Basilikum

Das Kaninchen ist in dieser Zubereitung besonders in Caltagirone beliebt. Diese Stadt im Hinterland ist die Hauptstadt der Keramikherstellung und lebt noch nach dem Rhythmus der Tradition. Unser Küchenchef, der von dort stammt, hat dem alten Rezept, das rasch und einfach zubereitet ist, Oliven und Kapern hinzugefügt.

Die Sizilianer essen sehr gern Kaninchen, gegrillt oder geschmort und zum Osterfest mit Pinienkernen und Rosinen zubereitet. Das Fleisch ist fest und aromatisch; idealerweise wählen Sie ein kräftiges Kaninchen mit breitem Rücken. Besonders lecker ist Wildkaninchen zur Jagdzeit.

Die Vielfalt der Aromen überzeugt auch in diesem Gericht, dem der Stangensellerie seinen frischen Geschmack und festen Biss verleiht. Mit Möhren und Zwiebeln ist er ein unverzichtbarer Bestandteil der sizilianischen Küche, der das ganze Jahr über erhältlich ist.

Oliven gehören natürlich zu diesem Gericht wie die Sonne zu Sizilien. Schon in der Antike wurden Olivenhaine angelegt, sie finden sich heute noch besonders in der Region um Biancavilla, nahe Catania. Zur Zeit des Römischen Reiches gab es eine regelrechte Olivenöl-Industrie, die von der Warenbörse *arca olearia* kontrolliert wurde.

Das Kaninchen zwischen Brustkorb und Rückenansatz teilen, die Leber entfernen, Keulen abtrennen und zerteilen. Den Rücken in gleich große Teile schneiden.

Das Gemüse waschen und vorbereiten: Möhren in Scheiben schneiden, den Sellerie, die Petersilie und das Basilikum hacken. Zwiebeln schälen und hacken, Tomaten würfeln.

25 ml Olivenöl mit der Butter erhitzen und die in Mehl gewendeten Fleischstücke darin ca. 10 Minuten anbraten, danach das Fleisch mit Küchenpapier abtupfen und beiseite stellen.

»Angelino«

Zwiebeln im restlichen Öl anbraten, den Sellerie zufügen und 5 Minuten dünsten. Möhren, Kapern, Kräuter, die zerstoßene Chilischote und Tomatenwürfel zugeben und salzen.

Oliven in Scheiben schneiden, zum Gemüse geben und ca. 5 Minuten köcheln lassen.

Fleischstücke in eine Auflaufform legen und das Gemüse darüber verteilen. Den Wein zufügen und im Ofen bei 170 °C 20 Minuten schmoren. Mit Basilikum garniert servieren.

Schmorhähnchen

Vorbereitungszeit: 40 Minuten
Garzeit: 45 Minuten
Schwierigkeitsgrad: ★

Für 4 Personen

1	Hähnchen à 1,4 kg
400 g	Tomaten
1	Zwiebel
400 g	rote Paprika
400 g	grüne Paprika
8	Knoblauchzehen
60 ml	Olivenöl
	Salz
	Pfeffer
750 ml	Rotwein
1	Bouquet garni (Lorbeer, Thymian)
½ Bund	Petersilie

In der korsischen Küche sind Schmorgerichte sehr beliebt. Mit aromatischen Zutaten der Region zubereitet, werden sie gemütlich im Kreise der Familie verzehrt. Das Schmorhähnchen mit Paprika ist solch ein traditionelles Gericht.

Was die Qualität der Zutaten angeht, ist Vincent Tabarani, ein Vertreter der Vereinigung »Cucina Corsa«, unnachgiebig. Nur ein mit Körnerfutter gemästetes Freilandhähnchen kommt für dieses Gericht in Frage. Auf Korsika sind besonders die Hähnchen aus Linguizetta für ihre Qualität bekannt. Das Rezept kann auch mit Kalbfleisch zubereitet werden.

Der Rotwein, der sonst meist dunkles Fleisch und Wild begleitet, verleiht dieser Spezialität das kräftige Aroma. Unser Küchenchef empfiehlt einen jungen, nicht zu kräftigen korsischen Wein.

Das Gericht aus dem korsischen Hinterland ist sonnenverwöhnt. Olivenöl, Zwiebeln, Knoblauch, Kräuter, Tomaten und ganz besonders die Paprika machen das Hühnchen zu einem Fest für die Sinne. Die Paprika, Sinnbild des Sommers, stammt ursprünglich aus der Neuen Welt, ist aber aus der Mittelmeerküche nicht mehr wegzudenken.

Die rote Paprika wird besonders wegen ihres saftigen, süßen Fruchtfleisches geschätzt, das diese Eigenschaften auch im gekochten Zustand beibehält. Die grünen Schoten, unreif geerntet, sind knackiger und schärfer im Geschmack. Als Salatbeilage werden beide Sorten gern roh verzehrt. Wählen Sie feste, glatte Früchte ohne Flecken und mit grünem Stielansatz.

Das Hähnchen in Stücke teilen: Keulen abtrennen, das Hähnchen vierteln. Den Bürzel und die Nerven entfernen, die Rippen teilen und Flügel abschneiden.

Tomaten häuten und würfeln, die Zwiebel hacken. Paprika entkernen und in Streifen schneiden. Knoblauchzehen mit einem Messer einstechen.

Hähnchenteile im Olivenöl anbraten, einige Minuten köcheln lassen, salzen und pfeffern.

mit Paprika

Die Zwiebel zufügen, mischen und 5 Minuten garen.

Mit Rotwein ablöschen, den Knoblauch und das Bouquet garni zufügen. Tomaten zugeben und 20 Minuten bei starker Hitze kochen.

Paprika zugeben und abschmecken. Bei geringer Hitze 15 Minuten köcheln lassen, mit der gehackten Petersilie bestreut servieren.

Lammragout mit

Vorbereitungszeit: *30 Minuten*
Garzeit: *40 Minuten*
Schwierigkeitsgrad: ★

Für 4 Personen

600 g	frische Dicke Bohnen
1 kg	Lammkeule
5 EL	Olivenöl
2	Zwiebeln
250 ml	Lammbouillon
	Salz
	Pfeffer
6 Blättchen	frische Minze

Tomatensauce:

1	Zwiebel, gehackt
1	Knoblauchzehe, gehackt
2 EL	Olivenöl
200 g	Tomaten, gewürfelt
1	Selleriestange, gewürfelt
1	Möhre, gewürfelt
1	Lorbeerblatt
	Salz und Pfeffer
3 Blättchen	Basilikum, gehackt

Zum Garnieren:
frische Minze

Wenn die Sarden ein Ereignis zu feiern haben, tun sie das mit einem guten Essen im Familienkreis. Dieses Gericht ist auf keiner Restaurant-Speisekarte zu finden, es ist ein typisches Familienrezept aus traditionellen Zutaten der Insel.

Die sardische Küche ist im Grunde eine Hirtenküche, da die Einwohner lange von der Viehzucht lebten. Während des Almauftriebs ernährten sich die Männer nur von Brot, Olivenöl und Käse. Fleisch wurde, wenn überhaupt, am Spieß gegrillt. Zur Feier ihrer Rückkehr bereiteten die Frauen aromatische, nahrhafte Eintöpfe wie diesen hier.

Die Keule ist ein sehr aromatisches Stück Fleisch und wird hier ganz einfach zubereitet. Zu Olivenöl und Zwiebeln gesellt sich die charakteristische Frische der Minze, die auf Sardinien wild wächst und als Heilkraut für ihre anregende Wirkung bekannt ist.

Das nahrhafte Ragout wird von Dicken Bohnen begleitet. Die Hülsenfrüchte stammen ursprünglich aus Persien, sind aber seit der Antike im gesamten Mittelmeerraum wegen ihres feinen Geschmacks beliebt. Sie gehören zur Familie der Erbsen – durch die sie ersetzt werden können – und sind reich an pflanzlichem Eiweiß und Vitaminen.

Auch die allgegenwärtigen Tomaten sind natürlich mit von der Partie. Wählen Sie eine fleischige Sorte mit glatter Haut, so wie sie auf Sardinien wachsen. Dort gedeihen sie so gut, dass sie sogar auf das italienische Festland exportiert werden.

Dicke Bohnen enthülsen und in kochendem Salzwasser 4 Minuten blanchieren. Bohnen in Eiswasser abschrecken und abgießen.

Das Fleisch in gleichmäßige Würfel schneiden.

Das Fleisch in sehr heißem Olivenöl von allen Seiten anbraten und beiseite stellen. Das Öl nicht weggießen.

Dicken Bohnen

In derselben Pfanne 2 gehackte Zwiebeln anbraten, das Fleisch wieder zugeben, die Bouillon zugießen und 25 Minuten köcheln lassen.

Tomatensauce: Die Zwiebel und den Knoblauch im Öl anbraten. Tomaten, Sellerie, die Möhre und das Lorbeerblatt zugeben, salzen und pfeffern. 30 Minuten köcheln lassen, das Basilikum zugeben, die Sauce pürieren und zum Fleisch geben.

Die Fleischmischung salzen und pfeffern, die gehackte Minze und die Dicken Bohnen zugeben. 10 Minuten köcheln lassen. Das Lammragout in tiefen Tellern anrichten und mit Minze garnieren.

Schweinsfuß-

Vorbereitungszeit: *1 Stunde*
Garzeit: *2 Stunden*
Ruhezeit: *12 Stunden*
Schwierigkeitsgrad: ★★

Für 4 Personen

8	Schweinsfüße
3	Möhren
2	Porreestangen
2	Zwiebeln
	Salz
2	Bouquet garni (je 1 Lorbeerblatt, Thymian, Petersilie)
500 ml	Fleischbouillon
2	*sobrasada* (Wurstspezialität der Balearen)
500 g	gekochte Petits-Gris-Schnecken ohne Haus
400 ml	Olivenöl

Zum Garnieren:

1	Bratwurst
1	Blutwurst

Die Bewohner der Balearen verzehren seit Urzeiten Schweinefleisch in allen Varianten. Die auf Mallorca sehr beliebten Füße werden meist in einer Gemüse-Kapern-Sauce serviert. Bartolomé-Jaime Trias Luis, Küchenchef des renommierten Restaurants Xoriguer in Palma, füllt die Füße mit *sobrasada*, rollt sie in Porreeblätter und serviert sie mit einer Schneckensauce.

Als Erstes sollten die Füße mithilfe einer Rasierklinge von Borstenresten befreit werden. Nach einer langen, bis zu 3-stündigen Kochzeit lassen sich die Knochen leicht entfernen. Die Füße werden mit *sobrasada* gefüllt, einer dicken, lokalen Wurstspezialität mit feinem Fleisch von frei lebenden schwarzen Schweinen und viel Paprika.

Für das Einwickeln benötigen Sie große Porreestangen mit breiten Blättern. Nach dem Kochen wird der Porree in Eiswasser getaucht, um die frische Farbe zu erhalten. Legen Sie einen Schweinefuß auf ein Blatt Porree, beschneiden Sie das Fleisch, sodass ein gerader Abschluss entsteht, und rollen Sie eine Roulade.

Auf den Balearen sind Schnecken sehr beliebt, sie gehören bei diesem Gericht zur Sauce. Traditionell gehen an jedem zweiten Montag im Mai die Einwohner Schnecken sammeln, die sie dann mit den verschiedensten Saucen zubereiten.

Der Bratensaft der *sobrasada* gibt dem Gericht den letzten Pfiff: Zerdrücken Sie das Innere der Wurst in heißem Olivenöl, bis dieses die intensiv rote Farbe der Wurst angenommen hat. Das Öl darf dabei nicht zu heiß sein, damit das Paprikaaroma nicht zerstört wird.

Schweinsfüße längs halbieren und mit grob zerteilten Möhren, 1 Porreestange, Zwiebeln, Salz und 1 Bouquet garni 1½ Stunden in der Bouillon kochen.

Die Füße aus der Bouillon heben, wenn sie zart sind (sie dürfen nicht auseinander fallen). Füße abkühlen lassen und Knochen herausnehmen. Den Sud für den nächsten Tag aufbewahren.

1 sobrasada in 8 cm lange, 1 cm breite Streifen schneiden und diese in die Schweinsfüße legen. Schweinsfüße in Frischhaltefolie wickeln und über Nacht in den Kühlschrank legen.

Röllchen

Die übrige Porreestange in ausreichend große Stücke schneiden und die Blätter kochen. Schweinsfüße auswickeln, die Enden beschneiden und jeweils in 2–3 Porreeblätter einwickeln.

Die Bouillon und die Schnecken in einen Topf geben, das zweite Bouquet garni zufügen. So lange kochen, bis die Sauce gebunden ist.

Das Innere der zweiten sobrasada in heißem Olivenöl auslassen, bis das Öl rot ist. Die Schweinsfüße-Röllchen mit Schneckensauce, rotem Öl und gebratenen Stücken von Brat- und Blutwurst anrichten.

Gebratenes Kaninchen mit

Vorbereitungszeit: *35 Minuten*
Marinieren: *6 Stunden*
Garzeit: *30 Minuten*
Schwierigkeitsgrad: ★★

Für 4 Personen

2	kleine Kaninchen
100 ml	Maiskeimöl
6	Knoblauchzehen
3 Zweige	Rosmarin
3	Lorbeerblätter
400 ml	Weißwein
300 ml	Rinderbouillon
250 g	frische grüne Erbsen ohne Hülsen

Marinade:

1	Lorbeerblatt
2	Knoblauchzehen, geschält
	Salz
	Pfeffer
500 ml	Weißwein

Seit 1530 wird auf Malta das Fest St.-Peter-und-Paul an jedem 29. Juni mit großem Aufwand gefeiert. In Anlehnung an die Beleuchtung der Kathedrale von Mdina, Maltas ehemaliger Hauptstadt, wird das Fest im Volksmund auch das »Fest der Lichter« genannt. Bereits am Abend des 28. Juni treffen sich die Familien in den Parks von Buskett oder den Wäldern um Mdina, um die ganze Nacht und den nächsten Tag lang zu tanzen und zu feiern. Zu diesem Ereignis gehört das Spaghettigericht mit Kaninchensauce *spaghetti biz-zalza tal-fenek* und dieses Gericht, genannt *fenek moqli*.

Das Kaninchen, *fenek*, ist das Lieblingsfleisch der Malteser. Früher lebten Scharen von wilden Kaninchen auf Malta und Gozo, heute werden meist Zuchtkaninchen verarbeitet.

Die Marinade verbessert das Aroma des Fleischs, muss aber nach der vorgesehenen Zeit sorgfältig abgegossen werden. Die Kaninchenstücke werden mit einem großen Tuch trockengetupft, damit sie gleichmäßig braun werden und das Bratöl nicht spritzt.

Nach der Garzeit in Bouillon und Wein (rot oder weiß, je nach Geschmack) belegen manche Köche das Kaninchen mit einer Teigplatte und verwandeln das Gericht so in eine saftige Pastete. Zu dem kräftigen Gericht passen Pommes frites oder einfach knuspriges Brot.

Kaninchen in kleine Stücke teilen.

Fleischstücke mit dem Lorbeerblatt, dem Knoblauch, Salz, Pfeffer und Wein in eine Schüssel geben und mit Wasser auffüllen. Im Kühlschrank 6 Stunden marinieren.

Nach 6 Stunden das Fleisch in ein Sieb geben, abtropfen lassen und gut trockentupfen.

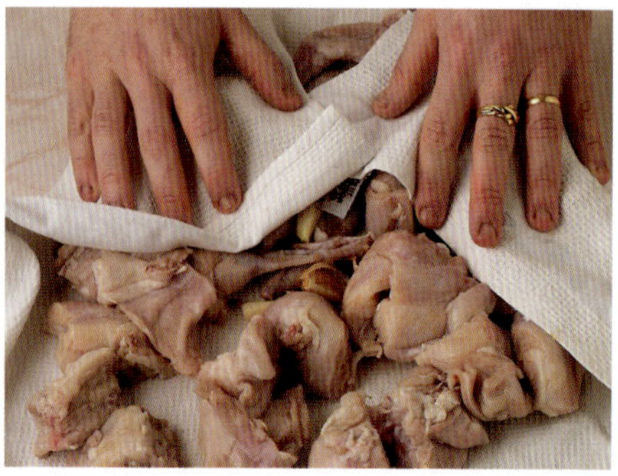

Knoblauch und Weißwein

Fleischstücke in sehr heißem Öl anbraten und 10 Minuten garen. Etwas Öl abgießen, den gehackten Knoblauch zugeben und 5 Minuten garen.

Den Rosmarin, Lorbeerblätter und Weißwein zugeben und Deckel auflegen. 10 Minuten leicht köcheln lassen, bis der Wein absorbiert ist, dabei gelegentlich rühren.

Die Rinderbouillon und Erbsen zugeben und das Fleisch 5 Minuten zart kochen, dabei falls nötig Flüssigkeit zugeben.

Desserts & Gebäck

Kastanien-Biskuit-Torte

Vorbereitungszeit: *35 Minuten*
Garzeit: *30 Minuten*
Schwierigkeitsgrad: ★

Für 4 Personen

80 ml	Olivenöl
30 g	Mehl
3	Eier
100 g	Zucker
60 ml	Milch
200 g	Kastanienmehl
½ Tütchen	Backpulver

Guss:

60 ml	Orangensaft
120 g	Bitterschokolade
25 ml	Olivenöl

Die Kastanientorte ist ein typisch korsisches Dessert. Der gehaltvolle Kuchen ist rasch zubereitet und wird traditionell im Herbst und Winter verzehrt.

Auf der Mittelmeerinsel wurde die Kastanie früher als »Brotbaum« bezeichnet, da ihre Früchte über Notzeiten hinweghalfen. Kastanien kommen in einer Vielzahl von Gerichten zum Einsatz, so auch heute noch in der berühmten *Pulenda*. Früher wurden zu Hochzeitsfesten in den Regionen Orezza, Cervione und Alesani bis zu 22 verschiedene Speisen mit Kastanienmehl zubereitet.

Die Castagniccia, Heimatregion unseres Küchenchefs, liegt 500–1 000 m über dem Meeresspiegel und besitzt 10 000 Hektar Kastanienbestand. Die Früchte werden von Hand aufgelesen und in die Scheunen gebracht. Auf einem Holzgestell ausgebreitet, werden sie einen Monat lang dem Rauch und der Wärme über der häuslichen Feuerstelle ausgesetzt und danach vermahlen.

Das Kastanienmehl verleiht diesem Kuchen sein ganz besonderes Aroma. Es ist nur von Dezember bis Mai erhältlich.

Die Schokolade, die heute natürlich auf der ganzen Welt verbreitet ist, kam erst recht spät auf die »Insel der Schönheit«. Wenn Sie die Schokolade im Wasserbad schmelzen möchten, achten Sie auf die Temperatur, die 50 °C nicht übersteigen darf.

Die Backform mit Olivenöl einfetten, mit Mehl bestäuben und kalt stellen. Eigelb mit Zucker schaumig schlagen.

Das restliche Öl zufügen, weiterschlagen und die Milch zugießen.

Das Eiweiß steif schlagen und vorsichtig unterheben.

Das Kastanienmehl mit dem Backpulver sieben und nach und nach unter die Teigmasse ziehen.

Den Ofen auf 150 °C vorheizen, den Teig in die gekühlte Form füllen und den Kuchen 30 Minuten backen. Aus der Form auf einen großen Teller stürzen.

Den Orangensaft mit 25 ml Wasser aufkochen, vom Herd nehmen und die Schokoladenstücke zugeben. Das Olivenöl nach und nach einrühren, den Guss auf dem Kuchen verteilen.

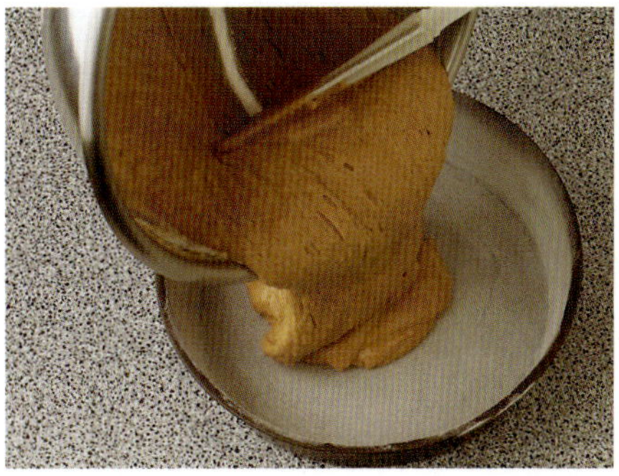

Mandelgelee mit

Vorbereitungszeit: *40 Minuten*
Garzeit: *40 Minuten*
Gelee kalt stellen: *6 Stunden*
Schwierigkeitsgrad: ★

Für 4 Personen

2	Zitronen
75 g	gemahlene Mandeln (mehlfein)
70 g	Zucker
45 g	Speisestärke

Zitronensauce:

3	Zitronen
120 g	Würfelzucker
3	Eier
70 g	Butter

Zum Garnieren:

	gemahlener Zimt
	Orangenzeste

Das Mandelgelee *biancomangiare* hat eine lange Geschichte und wird in der Region um Modica heutzutage gern als leichtes Sommerfrühstück oder zum Nachmittagskaffee genossen.

Im Mittelalter bekamen auf Sizilien Kranke und junge Mütter eine kräftigende, salzige Speise aus Mandelmilch, der Hühnchen und Gewürze zugegeben wurden. Im Laufe der Jahrhunderte wandelte sich der *biancomangiare* dann zur Süßspeise.

Die Köstlichkeit ist leicht zubereitet und vereint die typischen Aromen Siziliens. Mandeln gehören untrennbar zur lokalen Küche, sie werden zu Spezialitäten wie Marzipan, *torrone* und *pasta reale* verarbeitet. Die Mandelbäume verwandeln zum Winterende die Ebene von Agrigente und die Region um Syrakus in ein Blütenmeer.

Traditionell wird das Gelee in regionaltypischen Förmchen zubereitet, die auf Sizilien die Form eines Zitronenblattes haben. In Anlehnung daran hat Giuseppe Barone eine Zitronensauce zum Gelee kreiert.

Auf Sizilien, das für die Qualität seiner Zitronen weltberühmt ist, werden zahlreiche Sorten kultiviert, darunter *verdello, monachello* und *femminello*. Die Bäume, die aus Indien stammen, aber mit den Arabern auf die Insel kamen, gedeihen dort dank eines ausgeklügelten Bewässerungssystems prächtig.

Das Mandelgelee ist eine erfrischende Spezialität, die besonders im Sommer für Begeisterung sorgen wird.

2 Zitronen schälen. Schalen 2 Minuten in 500 ml Wasser blanchieren, abtropfen und das Kochwasser verwahren.

Das Mandelmehl in ein Mulltuch knoten und in das Zitronenwasser tauchen. Das Tuch gut auspressen und das milchige Wasser abseihen.

Den Zucker und die Stärke zur Mandelmilch geben. Bei geringer Hitze kochen, dabei mit einem Schneebesen umrühren.

Zitronensauce

Förmchen mit kaltem Wasser ausspülen. Die nun dickflüssige Creme in die Förmchen gießen und 6 Stunden kalt stellen.

Zitronensauce: Die Zitronen sorgfältig abwaschen. Die Schale mit Würfelzucker abreiben, den Saft auspressen.

Eier, Zucker, Butter und Zitronensaft unter ständigem Rühren mit dem Schneebesen im Wasserbad erhitzen. Das Gelee auf Teller stürzen, mit Sauce umgießen und garnieren.

Cannoli mit

Vorbereitungszeit: *50 Minuten*
Teig kalt stellen: *2 Stunden*
Garzeit: *15 Minuten*
Schwierigkeitsgrad: ★★

Für 8 Personen

	Pflanzenöl zum Frittieren
5 g	Schmalz
50 g	Mehl zum Ausrollen

Füllung:

500 g	Ricotta
300 g	Zucker
½ TL	Zimt
25 g	Schokoladentropfen
25 g	gehackte Mandeln

Teig:

500 g	Mehl
70 g	Zucker
70 g	Schmalz
	Salz
1	Ei
150 ml	Rotwein

Zum Garnieren:

	Puderzucker

Ebenso berühmt wie der luxuriöse Festtagskuchen *Cassata* sind auch die *cannoli siciliani* – aus frittiertem Teig hergestellte dicke Röllchen mit Ricottafüllung. Ursprünglich waren sie eine Spezialität zu Karneval, heute gibt es sie aber das ganze Jahr über.

Die sizilianische Küche ist stark von orientalischen Einflüssen geprägt. Sicher gehört auch die Entstehung der *cannoli* in die Zeit der arabischen Herrschaft vom 9. bis 11. Jahrhundert. Jede Stadt hat ihre eigene Füllung mit Trockenfrüchten, Pistazien oder Creme. In Palermo besteht die Füllung aus Kürbis und Orangen.

Jede sizilianische Familie besitzt ihr eigenes Rezept, oft sogar für den Teig. Unser Küchenchef gibt Rotwein zum Teig, andere verwenden Schokolade oder ersetzen das Schmalz durch Butter. Eine wichtige Konstante bleibt aber die Form, die mithilfe zylindrischer Bambusstängel hergestellt wird. Der Teig wird in Kreise von etwa 12 cm Durchmesser ausgegerollt und sofort frittiert.

Die cremige Füllung verdankt ihre Raffinesse dem Ricotta, einem milden, leicht säuerlichen Frischkäse aus Schafs-, Ziegen- oder Kuhmilch, der einen reizvollen Gegensatz zu den Mandeln bildet.

Teig: Das Mehl mit Zucker, Schmalz, Salz, Ei und Rotwein zu einem glatten Teig verkneten und 2 Stunden kalt stellen.

Füllung: Den Ricotta in einer Schüssel mit dem Zucker und dem Zimt verrühren, die Schokoladentropfen zugeben und mischen.

Gehackte Mandeln rösten, zum Ricotta geben und alles vermischen.

Ricottafüllung

Den Teig kneten und zu einer Rolle formen. Stücke gleicher Größe abschneiden und zu Fladen ausrollen. Einen Bambuszylinder mit Schmalz fetten und den Teig darumlegen.

Das Öl erhitzen und die aufgerollten Cannoli hineintauchen. Von allen Seiten frittieren und auf Küchenpapier abtropfen lassen.

Cannoli vorsichtig füllen und mit Puderzucker bestäuben.

Frittierte

Vorbereitungszeit: *15 Minuten*
Ruhezeit des Teigs: *3 Stunden*
Garzeit: *40 Minuten*
Schwierigkeitsgrad: ★

Für 4 Personen

500 ml	Vollmilch
250 g	Reis
1	Orange
220 g	Mehl
10 g	Bierhefe
	Pflanzenöl zum Frittieren
150 g	Honig

Zum Garnieren:
gemahlener Zimt

Im kulinarischen Repertoire Siziliens bezeichnet der Begriff *crispelle* frittierte Köstlichkeiten zur Karnevalszeit. Diese heute sehr beliebten Klößchen waren ursprünglich für die Tische des Adels reserviert.

Vor der Vereinigung Italiens herrschte auf Sizilien das Erstgeburtsrecht. Da aber auch für Nachgeborene Arbeit undenkbar war, traten die jüngeren Söhne in Orden ein. Um auch dort das Prestige ihres Standes zu bewahren, beschäftigten sie französische Köche.

Die opulente »Küche der Herrschaften« hat der Inselgastronomie viele Spezialitäten beschert, wie die gratinierten Maccheroni *timballo di maccheroni* oder die Kalbsroulade *farsumagru*. Diese *crispelle* gehören auch dazu.

Die Klößchen sind in der Zubereitung ganz einfach und ein echter Gaumenkitzel. Der Reis wird zunächst gewaschen, mit Milch und Wasser gekocht und mit Hefe vermischt. Dann muss er drei Stunden gehen.

Die ebenso knusprigen wie cremigen *crispelle* werden durch den Honig zur Delikatesse. Unser Küchenchef empfiehlt Honig vom Karobbaum, der auf Sizilien wild wächst. Seine Früchte sind Schoten von 30 cm Länge, die nahrhafte, erfrischende Kerne mit viel eigener Süße umschließen. Die Kerne werden gemahlen und zu Konfitüre oder Likör verarbeitet. Selbstverständlich können Sie auch eine andere Honigsorte wählen.

Die Milch und ½ l Wasser erhitzen und den gewaschenen Reis zugeben. Den Reis 20 Minuten kochen und abkühlen lassen.

Die Schale der Orange sorgfältig waschen und reiben.

Den Reis in eine Schüssel geben und mit 200 g Mehl, der Hefe und der abgeriebenen Orangenschale mischen und 3 Stunden gehen lassen.

Reisklößchen mit Honig

Das restliche Mehl auf die Arbeitsfläche geben. Mit zwei Löffeln Reisklößchen formen und im Mehl wenden.

Das Öl erhitzen, die Klößchen darin frittieren und auf Küchenpapier abtropfen lassen.

Den Honig schmelzen und die Klößchen damit überziehen. Crispelle auf einem Teller anrichten und mit Zimt garnieren.

Köstlichkeiten

Vorbereitungszeit: *1 Stunde*
Garzeit: *1 Stunde*
Schwierigkeitsgrad: ★★

Für 4 Personen

Mandelmousse:

500 ml	Milch
150 g	geschälte Mandeln
3 Blatt	Gelatine
100 g	Zucker
150 g	Eigelb
100 g	Eiweiß
300 g	Crème fraîche

Kuchen:

6	Eier
100 g	gemahlene Haselnüsse (mehlfein)
30 g	Karobpulver
1	Orange
1	Zitrone
75 g	gehackte Haselnüsse
45 g	Zucker

Karamellsauce:

50 g	brauner Zucker
200 ml	*palo* (Kräuterlikör)
250 ml	Milch
50 g	Crème fraîche

Zum Garnieren:

frische Himbeeren
frische Minze
Schokoladenblättchen

Zum Dessert haben Bartolomé-Jaime Trias Luis und sein Kollege Oscar Martínez Plaza in ihrem Restaurant eine raffinierte Mischung aus Karob-Nuss-Kuchen und Mandelmousse mit Karamellsauce kreiert.

Als Grundlage des leichten Kuchens dient ein traditioneller Nussteig, der mit Karob verfeinert wird. Die Karobfrüchte ähneln großen Bohnenschoten, sind schwarz und enthalten flache, süße Kerne. Sie kommen gemahlen als Kaffee- oder Kakaoersatz in den Handel. Sie enthalten kein Koffein, kein Theobromin und sind fettarm. Wer den Teig dunkler mag, kann noch Kakao oder Schokoladenstücke zugeben.

Für die Mousse werden Mandeln in Milch ausgiebig im Mixer zerkleinert. Die Mandelmilch wird durch ein Sieb gestrichen, sodass eine dicke Sauce entsteht. Das Eiweiß wird steif geschlagen, und erst ganz zum Schluss gibt man den Zucker dazu. Schlagen Sie dann weiter, bis der Schaum dick, glänzend und glatt ist.

Eine geschmackvolle Karamellsauce aus Milch, Crème fraîche und *Palo* rundet das Dessert ab. Auf Mallorca genießen die alten Leute ihren *Palo*, einen Likör aus Anisschnaps, Süßholz und Kräuterwurzeln, den ganzen Tag, meist eisgekühlt, mit Soda oder Wasser.

Auf den Tellern werden je 2 Stücke Kuchen angerichtet und mit Mousse gekrönt. Karamellsauce, Früchte und Schokoladenblättchen runden das Bild ab.

Mandelmousse: Milch und Mandeln fein pürieren und durch ein Sieb abgießen. Die Gelatine in einer Schüssel mit kaltem Wasser einweichen.

Die Mandelmilch mit Zucker erhitzen und in das geschlagene Eigelb gießen. Die Masse in den Topf zurückgießen und auf dem Herd eindicken lassen. Die Gelatine zufügen, unter Rühren auflösen und die Masse erkalten lassen.

Das Eiweiß steif schlagen und in die abgekühlte Mandelcreme rühren. 30 Minuten ruhen lassen, die geschlagene Crème fraîche unterziehen und kalt stellen.

der Balearen

Kuchen: 6 Eigelb mit gemahlenen Haselnüssen, Karobpulver, abgeriebener Schale von Orange und Zitrone und gehackten Nüssen mischen.

Eiweiß steif schlagen, Zucker erst zum Schluss dazugeben. Eiweißmasse mit der Eigelbmasse mischen und in eine Kuchenform geben. 20 Minuten im Ofen bei 180 °C backen.

Karamellsauce: Den Zucker mit einem Spritzer Wasser karamellisieren. Den Palo zugeben und etwas einkochen. Die Milch mit der Crème fraîche verquirlen, zugeben, kurz aufkochen und abkühlen lassen.

Fiadone

Vorbereitungszeit: *15 Minuten*
Garzeit: *25 Minuten*
Schwierigkeitsgrad: ★

Für 4 Personen

500 g	*brocciu* (korsischer Frischkäse, ersatzweise Ricotta)
1	Zitrone
300 g	Zucker
6	Eier
10 ml	Wodka
10 g	Butter

Der *Fiadone* ist sicher der beliebteste Kuchen auf Korsika, wo er seit jeher zu den wichtigsten religiösen Festen wie Taufe, Kommunion und Hochzeit gehört. Die kurze Liste der Zutaten sollte nicht darüber hinwegtäuschen, dass diese Spezialität eine echte Delikatesse ist.

Die Kuchenform darf nur so groß sein, dass der Teig eine Dicke von mindestens 4 cm erreicht. Der korsische Frischkäse *brocciu* besitzt eine geschützte Herkunftsbezeichnung. Er wird in alter Hirtentradition aus Ziegen- oder Schafsmilch hergestellt und ist mit seinem milden Aroma auch gut für Süßspeisen geeignet.

Schon im 2. Jahrhundert v. Chr. beschreibt der griechische Historiker Polybius in seiner »Geschichte der Römischen Republik« die Besonderheiten der Viehzucht auf Korsika: *»Man hält die Tiere für wild lebend, da die Insel von Bäumen bewachsen und voller Steine und Schluchten ist, sodass die Hirten ihrem Vieh nicht folgen können. Findet der Hirte einen Ort, an dem seine Herde grasen kann, so bläst er in sein Horn. Die Herden folgen dem Ruf ihres Hirten und verwechseln dabei niemals den Ton der Hörner.«*

Zum mit Wodka abgeschmeckten Fiadone gehört auch das Aroma der Zitrone, die viel Vitamin C enthält und auf der Insel in großen Mengen gedeiht. Wählen Sie am besten eine unbehandelte Frucht, oder waschen Sie sie sehr sorgfältig mit heißem Wasser ab.

Den Käse zerdrücken.

Die Zitrone waschen und die Schale abreiben.

Den Zucker und die Eier zum Käse geben und alles zu einem glatten Teig verrühren.

Die Zitronenschale und den Schnaps zugeben und mischen.

Die Kuchenform mit der Butter auspinseln.

Den Teig in die Form füllen und im Ofen bei 180 °C 25 Minuten backen. Aus der Form auf einen großen Teller stürzen.

Parmesaneis

Vorbereitungszeit:	*30 Minuten*
Rühren:	*20 Minuten*
Garzeit der Crème anglaise:	*25 Minuten*
Garzeit des Gebäcks:	*15 Minuten*
Schwierigkeitsgrad:	★★

Für 4 Personen

Parmesaneis:

500 ml	Milch
1	Zimtstange
1	Orange
1	Zitrone
1	Vanilleschote
80 g	Zucker
100 g	Honig
50 g	geriebener Parmesan
6	Eigelb
100 g	flüssige Crème fraîche oder Sahne

Gebäck:

4	Eier
250 g	Zucker
1 EL	Anissamen
1	Orange
1 Msp.	Vanillemark
550 g	Mehl
1 Tütchen	Backpulver

Zum Garnieren:

kandierte Orangenzeste
gemahlener Zimt

Mitte des 18. Jahrhunderts erfand ein Malteser namens Michele Marceca ein sonderbares Eis auf der Basis einer Crème anglaise (Vanillecreme) mit Parmesan. Geeiste Desserts waren schon bei den Rittern des Johanniterordens beliebt, als sie noch über die Insel herrschten. Sie ließen Eisblöcke vom Ätna heranschaffen und lagerten sie, in Stroh verpackt, in Höhlen.

Der Parmesan kommt direkt aus der Region um Parma, auf Malta selbst wird nur Ziegenkäse ähnlich dem Ricotta hergestellt.

Unser Küchenchef verbindet das Eis mit traditionellem Gebäck, den *biskuttini tar-rahal* (Gebäck aus dem Dorf), die wahlweise mit Orangen- oder Zitronenschale, Vanille, Zimt, Gewürznelken oder Anis gewürzt werden.

Die Form der Gebäckstücke variiert von Zylindern, Kugeln, Kegeln bis zu kleinen Klößchen. Um diese herzustellen, tauchen Sie 2 Teelöffel in heißes Wasser, stechen etwas Teig ab und rollen ihn von einem Löffel zum anderen. Dann setzen Sie das Klößchen auf ein mit Backpapier ausgelegtes Backblech.

Zum Servieren zerstoßen Sie einige Kekse und legen sie in die Eisschalen. Geben Sie das Eis darüber, streichen Sie es am Glasrand glatt und garnieren Sie es mit Orangenzesten und Zimt.

Eis: Die Milch aufkochen. Zimt, Orangen- und Zitronenschale und Vanilleschote zufügen und 10 Minuten köcheln lassen.

Den Zucker und den Honig zur Milch geben und gut umrühren. Die Milch in einen großen Topf abseihen, den Parmesan zugeben und auflösen.

6 Eigelbe verquirlen, die Milch dazugießen und alles in den Topf zurückgießen. Bei geringer Hitze rühren, bis eine dicke Creme entsteht.

mit Gebäck

Die flüssige Crème fraîche zugeben und abkühlen lassen. In einer Eismaschine ca. 20 Minuten rühren, in eine Schüssel umfüllen und tiefkühlen.

Gebäck: Das Eiweiß mit dem Zucker aufschlagen. Anis, geriebene Orangenschale, Vanille, Eigelb, 500 g Mehl und Backpulver zufügen und alles gut verrühren.

Ein Backblech mit Mehl bestreuen. Mit zwei Teelöffeln Teigklößchen formen und auf das Blech setzen. 15 Minuten im Ofen bei 200 °C backen. Das Gebäck zum Eis servieren.

Kretisches Ostergebäck

Vorbereitungszeit: *40 Minuten*
Ruhezeit des Teigs: *30 Minuten*
Garzeit: *30 Minuten*
Schwierigkeitsgrad: ★★

Für 6 Personen

Teig:

600 g	Mehl
1 TL	Backpulver
150 g	Zucker
75 g	Butter
75 ml	Olivenöl
4	Eier

Füllung:

1 kg	milder, frischer *myzithra* oder Ricotta
1	Ei
150 g	Zucker
1 TL	gemahlener Zimt

Auf Kreta verwöhnt traditionell jede Hausfrau ihre Gäste zu Ostern mit *kalitsounia*, die sie am Vormittag des Gründonnerstags backt. Diese Käseküchlein werden in den Familien, beim Bäcker und industriell hergestellt.

Das Gebäck ist meist als Krone mit kleinen Ecken geformt, es gibt aber auch dreieckige oder rechteckige Varianten und in Heraklion sogar die Form eines Babyschuhs. In der Mitte erkennt man die mit Zimt bestäubte Käsefüllung. Früher wurde das Gebäck lange im Holzofen gebacken, was ihm ein unverkennbares Aroma verlieh.

Für unser Rezept wird Butter mit Öl gemischt, es gibt aber auch butterfreie Varianten mit Hefe und Milch, wodurch der Teig einem Weißbrot ähnlich wird. Unabhängig von Teigart und Form, können Sie den Teig nach Belieben mit Koriander oder Mastix, dem Harz des Pinienbaums, würzen.

Die Füllung besteht hauptsächlich aus *myzithra*, der durch Ricotta ersetzt werden kann. Auch hier können Sie Aroma zufügen: Minze, Vanillezucker, Zimt oder Honig nach Belieben.

Unser Küchenchef dekoriert das Gebäck mit Eigelb und Zimt, der allerdings während des Backens leicht schwarz wird. Sie können ihn auch nach dem Backen zufügen.

Das Gebäck hält sich in einer luftdicht verschlossenen Dose bis zu zwei Wochen. Auf Kreta legt man dazu getrocknete Blätter des Zitronen- oder Orangenbaums lagenweise dazwischen, was für zusätzliches Aroma sorgt.

Teig: Das Mehl mit dem Backpulver, dem Zucker, der Butter, dem Olivenöl und 3 Eiern mischen.

Mit den Händen zu einem glatten Teig kneten, zu einer Kugel formen und 30 Minuten ruhen lassen.

Den Teig 0,5 cm dick ausrollen und runde Formen von 9 cm Durchmesser ausstechen.

mit Frischkäse

Füllung: Käse, Ei, Zucker und Zimt mischen.

Einen Teelöffel Füllung auf jedes Teigstück setzen.

Die Teigstücke zu einer Kronenform zusammendrücken, auf ein mit Backpapier ausgelegtes Backblech setzen und mit Eigelb bestreichen. Bei 160 °C im Ofen 30 Minuten backen.

Maltesisches

Vorbereitungszeit: *40 Minuten*
Marinieren der Datteln: *12 Stunden*
Ruhezeit des Teigs: *1 Stunde*
Garzeit: *40 Minuten*
Schwierigkeitsgrad: ★★

Für 4 Personen

Teig:

150 ml	Orangensaft
100 g	Zucker
100 ml	Olivenöl
500 g	Mehl

Füllung:

1 kg	weiche Datteln
4 EL	Anislikör
1 TL	gemahlener Zimt
1 TL	Gewürznelkenpulver
2 EL	Orangenblütenwasser oder Rosenwasser
1	Orange
1	Zitrone
	Öl zum Frittieren

In Msida, südwestlich von Valletta, werden Sommerspaziergänger am Meer vom Duft nach warmem Öl und Anis verführt. Dann bietet irgendwo in der Nähe ein fliegender Händler *mqaret* an, frittiertes Gebäck mit Dattel- und Anisfüllung. Auch am City Gate, dem wichtigsten Zugang zur Hauptstadt Valletta, stehen die Händler. Selbst auf den Speisekarten der besten Restaurants findet man diese Köstlichkeit, ebenso wie auf ländlichen Festen.

Die rautenförmigen Küchlein stammen aus Tunesien, von dort werden auch die Datteln importiert, da sie auf Malta nicht wachsen.

Der Teig wird mit Öl, Schmalz oder Butter hergestellt. Letztere macht den Teig fester und das Ausrollen leichter. Nach einer Ruhezeit von einer Stunde wird er mit einem Nudelholz oder noch besser einer Nudelmaschine sehr dünn ausgerollt.

Zum Kochen der Datteln empfiehlt unser Küchenchef, sie mit maltesischem Anisette zu aromatisieren. Dieser Kräuterlikör mit Anis wird eisgekühlt mit Wasser, Limonade, Orangen- oder Ananassaft getrunken.

Orangensaft findet sich auch im Teig, Orangenblütenwasser in der Füllung. Kein Wunder, ist doch die Insel für ihre Zitrusfrüchte berühmt, von denen eine Orangensorte sogar den Namen »Malteser« trägt.

Das Gebäck ist heiß oder kalt eine Delikatesse, die auf der Zunge zergeht.

Entsteinte Datteln pürieren und 30 Minuten in Wasser mit Anislikör köcheln lassen. Über Nacht im Wasser stehen lassen. Teig: Orangensaft mit Zucker und Öl mischen.

Das Mehl zur Orangensaftmischung geben und beides zu einem glatten Teig kneten. Den Teig zur Kugel formen, in Frischhaltefolie wickeln und 1 Stunde ruhen lassen.

Füllung: Den Zimt, das Nelkenpulver, das Orangenblütenwasser, je 1 Esslöffel abgeriebene Schale von Orange und Zitrone zu den Datteln geben.

Dattelgebäck

Den Teig ausrollen und in 20 x 8 cm große Rechtecke schneiden. Die Füllung in einer Linie darauf setzen. Die andere Seite des Rechtecks mit Wasser bestreichen.

Den Teig aufrollen, die Rolle flach drücken und in 3 cm lange, diagonale Scheiben schneiden.

Die Teigstücke in 180 °C heißes Öl geben und frittieren. Auf Küchenpapier abtropfen lassen und heiß servieren.

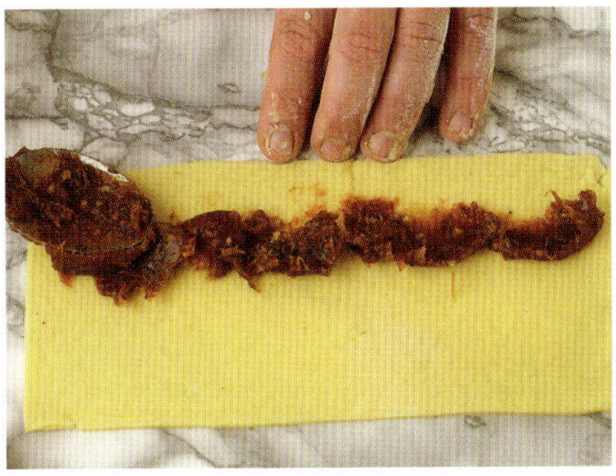

Korsische Frischkäse-

Vorbereitungszeit: *1 Stunde*
Teig kalt stellen: *1 Stunde*
Ruhezeit der Krapfen: *40 Minuten*
Garzeit: *15 Minuten*
Schwierigkeitsgrad: ☆

Für 4 Personen

100 g	Mehl
1 l	Olivenöl zum Frittieren
100 g	Zucker

Teig:

500 g	Mehl
10 g	Backpulver
3	Eier
100 g	weiches Schmalz
200 ml	süße Kondensmilch
½	abgeriebene Zitronenschale
25 ml	Pastis
1 Prise	Salz

Füllung:

150 g	*brocciu* (korsischer Frischkäse, ersatzweise Ricotta)
½	Orange
50 g	Puderzucker
25 ml	Grappa
1	Ei

Diese Krapfen sind auf Korsika ein typisches Anzeichen für Familienfeiern, werden sie doch besonders zur Taufe, Hochzeit und Kommunion in großen Mengen verzehrt.

Der Teig, aus Mehl, Backpulver, Zitrone, Salz, Eiern und einem Schuss Pastis leicht zubereitet, kann schon am Vortag hergestellt werden. Der Anisschnaps aus Marseille wird üblicherweise mit Wasser verlängert als Aperitif getrunken.

Vincent Tabarani, der das Rezept von seiner Mutter geerbt hat, fügte dem früher ungefüllten Gebäck eine Füllung mit *brocciu* hinzu.

Dieser typisch korsische Hirtenkäse wird in einem holzbefeuerten Kessel hergestellt, der mit Schaf- oder Ziegenmolke gefüllt und, sobald diese warm ist, mit Milch und Salz aufgefüllt wird. Die Hirten schöpfen den Rahm ab und geben ihn in geflochtene Weidenkörbchen, in denen er auch verkauft wird.

Der *brocciu* ist ein sehr milder Frischkäse, der für süße wie für herzhafte Gerichte verwendet wird. Er ist dem Ricotta ähnlich, durch den er ersetzt werden kann.

In den Teig gehört ein Glas Schnaps, der auf Korsika aus verschiedenen Früchten hergestellt wird: Myrte, Weintraube, Orange, Früchten des Erdbeerbaums, um nur einige zu nennen. Gäste werden auf Korsika traditionell mit einem kleinen Gläschen *Aquavita* willkommen geheißen.

Teig: Eier trennen, das Eiweiß steif schlagen. Alle Zutaten der Reihe nach zu einem glatten Teig kneten und 1 Stunde kalt stellen.

Füllung: Käse, abgeriebene Orangenschale, Puderzucker, Grappa und Ei mit einem Schneebesen verquirlen.

Die Arbeitsfläche mit Mehl bestreuen und den Teig 2 mm dick ausrollen.

Krapfen mit Grappa

Runde Teigstücke von 10–12 cm Durchmesser ausstechen.

Je einen Teelöffel Füllung auf ein Teigstück setzen.

Die Teigkreise ringsum mit Wasser einpinseln und falten, 40 Minuten ruhen lassen. In heißem Olivenöl ausbacken, auf Küchenpapier abtropfen lassen und in Zucker wenden.

Nuss-Monde

Vorbereitungszeit: *40 Minuten*
Ruhezeit der Aschelösung: *1 Stunde*
Garzeit: *40 Minuten*
Schwierigkeitsgrad: ✩✩

Für 6 Personen

Teig:

200 g	*alousia* (Pottasche)
½ TL	*ammonia* (Hirschhornsalz) oder Natron
1,5 kg	Mehl
75 ml	Olivenöl
10 ml	*tsikoudia* (klarer Schnaps)

Füllung:

300 g	Thymianhonig
200 g	Puderzucker
1 TL	Muskatnuss, gerieben
2,5 g	gemahlener Zimt
2,5 g	Gewürznelkenpulver
500 g	gehackte Walnusskerne
500 g	gehackte Mandeln

Zum Garnieren:
Puderzucker

Die Nuss-Monde, genannt *Patouda*, stammen aus Sitia im Osten Kretas und sind ein typisches Weihnachtsgebäck. Man sagt, dass die Wurzeln der Spezialität im *gastrin* liegen, einem Kuchen mit Nüssen, Mandeln, Mohn und Honig, der schon im 2. Jahrhundert n. Chr. vom Schriftsteller Atheneus im »Bankett der Sophisten« beschrieben wurde.

Der Teig enthält zwei ungewöhnliche Zutaten: Zunächst wird *alousia* aufgelöst, fein vermahlene Asche von Pinie oder Olivenbaum, die auf Kreta leicht erhältlich ist. Die Asche dient als Treibmittel, da sie kohlensaures Natron erzeugt. Hirschhornsalz, auf Kreta unter dem Namen *ammonia* erhältlich, unterstützt die Teiglockerung und kann durch Natron ersetzt werden. Für die Zubereitung mit *alousia* wird die Asche in ein Säckchen gefüllt, in ein Sieb gegeben und mit heißem Wasser überbrüht. Die Lösung muss eine Stunde ruhen, damit Aschereste sich absetzen können.

Der Gewürzsirup für die Füllung muss abgeschäumt werden, bevor er zu den Nüssen gegeben wird. Fügen Sie nach Belieben Rosinen hinzu.

Die Teigringe können ausgestochen oder einzeln ausgerollt werden. Bevor sie zum Halbmond gefaltet werden, müssen die Ränder mit Wasser oder besser noch Orangenblütenwasser befeuchtet werden.

Teig: Die Asche in einem Säckchen in ein Sieb über einen Topf legen und mit 200 ml kochendem Wasser übergießen. Die Lösung 1 Stunde ruhen lassen. In einer Schüssel Mehl, ammonia, Aschelösung, Schnaps und Öl mischen.

Die Mischung mit den Händen zu einem Teig kneten.

Füllung: 225 ml Wasser mit dem Honig und Gewürzen aufkochen und abschäumen. Den Sirup über die gehackten Nüsse und Mandeln geben und alles gut mischen.

Aus dem Teig Kreise von 12 cm Durchmesser ausrollen.

Je einen Teelöffel Füllung auf die Teigstücke setzen.

Teigstücke falten, die Ränder festdrücken und auf ein mit Backpapier ausgelegtes Backblech setzen. 30 Minuten bei 200 °C backen.

Orangenkuchen

Vorbereitungszeit: *30 Minuten*
Garzeit: *40 Minuten*
Schwierigkeitsgrad: ★★

Für 6–8 Personen

Kuchen:

250 ml	Olivenöl
200 g	Puderzucker
3	Eier
1	Orange
1	Zitrone
1 TL	kohlensaures Natron
440 g	Mehl

Sirup:

200 g	Puderzucker
200 ml	Orangensaft
200 ml	Mandarinensaft

Der Orangenkuchen ist ein Paradestück kretischer Konditorei mit ihren widersprüchlichen Zutaten: Eierschaum und Zitrusfrüchte, Olivenöl und Zucker sowie verschiedene Zitrussäfte und -schalen. Sobald der nicht sehr süße Kuchen aus dem Ofen kommt, wird er in Rauten geschnitten und mit Orangensirup getränkt.

Die Kreter sind so ungemein angetan von Olivenöl, dass sie sogar Kuchen damit backen! Das Öl feinster Qualität wird zunächst mit dem Zucker aufgeschlagen, der sich ganz auflösen soll.

Das frische und fruchtige Aroma verdankt der *Portokalopita* in erster Linie den Zitrusfrüchten. Er erinnert die Kreter an das Aroma des Frühlings, wenn die Orangenbäume auf dem Land blühen. In der Region um Kaneos wachsen Orangen der Sorte Maleme mit sehr feiner Haut und viel Saft. Sie werden als Dessert oder Saft verzehrt.

Portugiesische Entdecker brachten Orangenbäume erst im 15. Jahrhundert aus China nach Europa. Daher stammt der Name *Portokali*, eine Abwandlung des Wortes »Portugal«.

In Stücke geschnitten und mit Sirup getränkt, kann der Kuchen mit Orangenschnitzen und Minze verziert und zu einer Tasse Kaffee oder Tee genossen werden.

Teig: 200 ml Olivenöl und den Puderzucker 10 Minuten schaumig schlagen.

In einer zweiten Schüssel Eier schaumig schlagen. Abgeriebene Schalen der Zitrusfrüchte zugeben.

Die Eiermischung zum Olivenöl mit Zucker geben und gut mischen.

Das kohlensaure Natron im Zitronen- und Orangensaft auflösen und mit 420 g Mehl unter den Vorteig mischen. Eine Kuchenform mit dem Rest Öl und Mehl ausstreichen. Den Kuchen 35 Minuten bei 160 °C backen.

Sirup: Den Zucker in den Fruchtsäften auflösen und erhitzen.

Den Kuchen nach dem Backen in Stücke schneiden, mit Sirup übergießen, abkühlen lassen und kalt servieren.

Maltesischer

Vorbereitungszeit:	*30 Minuten*
Einweichzeit:	*1 Stunde*
Ruhezeit des Kuchens:	*24 Stunden*
Garzeit:	*35 Minuten*
Schwierigkeitsgrad:	★

Für 4 Personen

2	altbackene maltesische Landbrote
50 ml	Milch
120 g	zerlassene Butter
35 g	kandierte Orangenschalen
35 g	kandierte Melone
35 g	kandierte Feigen
100 g	kandierte Kirschen
250 g	Rosinen
350 g	Walnusskerne
200 ml	brauner Rum
200 ml	roter Wermut
1	Orange
2 TL	gemahlener Zimt
½ TL	Gewürznelkenpulver
520 g	Puderzucker
400 g	Kakaopulver

Jeden Tag wird auf Malta um 16 Uhr Kaffee oder Tee getrunken, diese Tradition besteht noch wie zur Zeit der englischen Besatzung. Der Brotpudding wird zu dieser Gelegenheit sehr geschätzt. Die Puddingtradition liegt in früherer Armut begründet, als man keinerlei Lebensmittel verderben ließ. Jeden Tag wurde trockenes Brot weiterverarbeitet und die Familie so preiswert ernährt. Im Lauf der Zeit wurde der Brotpudding mit Trockenfrüchten verfeinert.

Das maltesische Brot *hobza* ist die Grundlage für diesen Kuchen. Es hat eine zarte, weiße Krume, eine knusprige Kruste und wird in großen Mengen verzehrt, auch in Form von Sandwichs. Sobald das Brot mit Milch und Wasser übergossen ist, geben Sie die Butter dazu, die das Brot tränkt.

Kandierte Früchte gehören zum Pudding, da Maltas Obstgärten Zitrusfrüchte, Feigen, Melonen und Rosinen in Mengen hervorbringen. Schon die Ordensritter exportierten maltesische Orangen an die Höfe Europas. Die Früchte sind aromatisch, saftig und besitzen eine dünne Schale. Bitterorangen werden zu Marmelade, kandierten Früchten und Orangenblütenwasser verarbeitet.

Die unterschiedlichen Farben der kandierten Früchte sind ein appetitlicher Anblick, wenn der Kuchen angeschnitten wird.

Das Brot in Würfel schneiden und mit warmer Milch, warmem Wasser und 100 g zerlassener Butter übergießen und 1 Stunde einweichen lassen. Kandierte Früchte, Rosinen und Nüsse in Rum und Wermut einweichen.

Nach 1 Stunde die Früchte abgießen und mit dem Brot mischen.

Abgeriebene Orangenschale, Zimt und Nelkenpulver zugeben.

Brotpudding

500 g Puderzucker zufügen.

Kakaopulver zugeben und alles gut durchkneten.

Eine Kuchenform fetten und mit Zucker ausstreuen, den Teig einfüllen. Mit Alufolie abgedeckt im Ofen 35 Minuten bei 170 °C backen. Den Kuchen vor dem Anschneiden 24 Stunden ruhen lassen.

Zitronenravioli

Vorbereitungszeit: *50 Minuten*
Tiefkühlen: *12 Stunden*
Garzeit: *40 Minuten*
Schwierigkeitsgrad: ★★

Für 4 Personen

Zitronenravioli:

140 g	Zucker
2	Eier
1	Zitrone
150 g	Butter
4	frische Nudelplatten für Ravioli

Orangensauce:

3 Blatt	Gelatine
150 g	Zucker
1 l	Orangensaft

Eishaube aus Kräuterlikör:

50 g	Zucker
400 ml	Kräuterlikör
2 Blatt	Gelatine

Zum Garnieren:

Minzeblättchen
Himbeeren
Zimtstangen
Zitronenthymian

Unser Küchenchef hat ein appetitliches Dessert aus den wichtigsten Aromen der Balearen zusammengestellt. Zitronencreme für die Ravioli, Orange für die Sauce und Kräuterlikör für die Eishaube. Orange, Zitrone, Oliven und Mandeln sind die wichtigsten Erzeugnisse der mallorquinischen Landwirtschaft.

Für die Ravioli können Sie frischen italienischen Nudelteig oder chinesischen *Wan-tan*-Teig verwenden. Alternativ stellen Sie aus 300 g Mehl, 3 Eiern, 25 ml Olivenöl und einer Prise Salz selbst einen Teig her, den Sie dünn ausrollen.

Die Zitronencreme ist rasch zubereitet, sie benötigt kein Wasserbad. Der kalt zugegebene Zitronensaft verbindet sich gut mit Eiern und Zucker, die Creme dickt bei Erwärmung schnell ein. Lassen Sie sie abkühlen, bevor Sie sie mithilfe zweier Löffel auf die Ravioli setzen.

Eine Eishaube aus inseltypisch mildem Kräuterlikör krönt das Dessert. Viele Mallorquiner setzen ihn mit Anisschnaps, Fenchel, Thymian, Rosmarin, Minze, grünen Nüssen und Kaffeebohnen selbst an.

Die Orangensauce muss vor dem Servieren gut verquirlt werden. Die Gegensätze der Ravioli, der Eishaube und der Orangensauce werden Sie an einem heißen Sommertag begeistern!

Zitronencreme: Den Zucker mit Eiern und Zitronensaft mischen. 10 Minuten auf dem Herd schlagen, bis die Creme eindickt.

Die Creme auf 55 °C abkühlen lassen und die Butter stückchenweise zufügen. Gut mischen und abkühlen lassen.

Den Nudelteig kochen, abschrecken. Ein Teigstück auslegen, mit einem Teelöffel Zitronencreme aufsetzen und den Teig falten. 8 Ravioli herstellen.

Orangensauce: Die Gelatine in kaltem Wasser einweichen. Den Zucker mit etwas Wasser bei starker Hitze karamellisieren, Orangensaft und Gelatine zugeben, diese auflösen. 1 Nacht kalt stellen.

Eishaube: Den Zucker mit dem Kräuterlikör aufkochen, 500 ml Wasser zugießen und nochmals aufkochen.

Die Gelatine zur kochenden Mischung geben und auflösen. Abkühlen lassen und eine Nacht bei –20 °C tiefkühlen. Ravioli in Orangensauce anrichten, mit Eishaube krönen und garnieren.

Orangen-Ricotta

Vorbereitungszeit: *10 Minuten*
Garzeit: *5 Minuten*
Schwierigkeitsgrad: ★

Für 4 Personen

3	Navel-Orangen
500 g	Ricotta
5 EL	Zucker
1 TL	gemahlener Kaffee
25 ml	Honig

Zum Garnieren:
Minzeblättchen
Orangenschale

Unser Küchenchef liebt seine Heimatinsel Sardinien sehr und präsentiert Ihnen hier ein köstliches Dessert mit Ricotta. Sein Vater war Hirte und machte Käse selbst, daher gab es in Amerigo Murgias Kindheit in Osini viele Käsegerichte, die seine Mutter Narcisa immer wieder neu erfand.

Das Orangen-Ricotta-Dessert begeistert heute schon die Kinder unseres Küchenchefs. Narcisa, die inzwischen Großmutter ist, bereitet ihre Spezialität nun für die Enkel zu und verfeinert das Dessert manchmal mit Banane und Honig.

Auf Sardinien kennen alle Käseliebhaber die kleine Stadt Macomer. Am Rand des Plateaus von Campeda gelegen, ist die Stadt seit Eröffnung der Käsekooperative für die herausragende Qualität ihrer Produkte bekannt. Vom Ricotta über den *pecorino sardo* bis zum milden *dolce di Macomer* reicht die Palette der Köstlichkeiten.

Aus Kuh-, Schafs- oder Ziegenmilch hergestellt, hat der Ricotta einen milden Geschmack und wird für süße ebenso wie für herzhafte Gerichte verwendet. Hier verbindet sich sein säuerlicher Geschmack harmonisch mit den Orangen.

Unter der sardischen Sonne wachsen die Orangen in großer Menge. Die aus dem Orient stammenden Früchte enthalten viel Vitamin A und C. Ihr Geschmack ist je nach Sorte süß, aromatisch oder säuerlich. Wählen Sie für dieses Rezept die besonders saftige Sorte Navel.

Amerigo Murgia widmet dieses Dessert seiner Mutter und allen Großmüttern Sardiniens.

2 Orangen halbieren.

Orangen auspressen und Kerne entfernen.

Die dritte Orange waschen und schälen. Die Schale in feinste Streifen schneiden und in 4 EL Zucker und etwas Wasser karamellisieren. Zum Garnieren beiseite stellen.

Den Ricotta mit 1 EL Zucker in eine Schüssel geben.

Den Orangensaft zugießen.

Den Ricotta mithilfe einer Ringform auf dem Teller anrichten, mit gemahlenem Kaffee bestäuben, mit Honig übergießen und mit Minze und Orangenzeste garnieren.

Frittierte Käseschnecken

Vorbereitungszeit: *20 Minuten*
Ruhezeit des Teigs: *5 Minuten*
Garzeit: *5 Minuten*
Schwierigkeitsgrad: ★★

Für 4 Personen

250 g	Mehl
1	Zitrone
50 ml	Olivenöl
1 Prise	Salz

50 ml	*tsikoudia* (ersatzweise ein anderer klarer Kräuterschnaps)
400 g	*xinomyzithra* (kretischer Frischkäse, ersatzweise Ricotta)
	Olivenöl zum Frittieren
300 g	Thymianhonig

Die mit Käse gefüllten Schnecken *Sarikopites* gehören auf Kreta zur Karnevalszeit. Ihr Name bezeichnet das turbanartig um den Kopf geschlungene schwarze Tuch, das ältere Männer noch oft tragen und an das die Gebäckform erinnert.

Ioannis Lappas aromatisiert den Teig mit *tsikoudia*, einem klaren hochprozentigen Schnaps. Er wird auf Kreta aus Kernen und Stielen von Weintrauben, Äpfeln, Erdbeerbaumfrüchten und Kräutern wie Fenchel und Koriander doppelt gebrannt.

Formen Sie aus den gut verkneteten Zutaten einen Teig, der 1 Stunde ruhen muss, damit er aufgeht. Danach wird er dünn ausgerollt und in Streifen geschnitten.

Die Füllung besteht ausschließlich aus *xinomyzithra*, einem cremigen Frischkäse, der auf Kreta traditionell aus Ziegen- oder Schafsmolke hergestellt wird, die man auf 68–70 °C erwärmt. Dazu wird stark fetthaltige Vollmilch gegeben und auf 92 °C erhitzt. Die an der Oberfläche entstehende Käsemasse wird in Formen gegossen, gesalzen und eine Woche gepresst. Der Käse muss vor dem Verzehr zwei Monate im Fass reifen. Er kann durch Ricotta oder Feta ersetzt werden, der nach Belieben gesalzen, gepfeffert und mit Zitrone abgeschmeckt wird.

Die frittierten Schnecken werden großzügig mit Honig beträufelt, alternativ können Sie auch Traubensirup verwenden oder sie einfach in Zucker wenden.

Das Mehl mit 25 ml Zitronensaft, Olivenöl, Salz, tsikoudia und 250 ml Wasser verkneten. Den Teig zur Rolle formen und 5 Minuten ruhen lassen.

Den Teig dünn ausrollen und in 40 cm lange, 4–5 cm breite Streifen schneiden.

Den Käse auf der ganzen Länge des Teigstreifens verteilen.

mit Honig

Die Füllung fest in den Teig rollen, dann die Teigrolle zur Schnecke formen.

Das Gebäck ca. 5 Minuten in heißem Öl frittieren und auf Küchenpapier abtropfen lassen.

Die Schnecken mit Honig beträufeln und warm servieren.

Quarkinsel in

Vorbereitungszeit: *40 Minuten*
Quarkinsel kalt stellen: *3–4 Stunden*
Garzeit: *45 Minuten*
Schwierigkeitsgrad: ★★

Für 4 Personen

Quarkinsel:
150 ml Milch
75 g Zucker
150 ml flüssige Crème fraîche oder Sahne
150 g Eigelb
2 Blatt Gelatine

1 Zitrone
1 TL gemahlener Zimt
200 g Quark

Aprikosensauce:
800 g frische Aprikosen
150 g Zucker
200 ml Triple-Sec (Orangenlikör)
250 ml Orangensaft

Zum Garnieren:
frische Minze
dunkle Früchte nach Wahl

Die Einwohner der obstreichen Balearen lieben gut gekühlte Quarkdesserts mit Honig oder mit karamellisiertem Zucker ebenso wie gegarte Aprikosen. Unser Küchenchef bevorzugt Letztere, kocht sie in einer Mischung aus Karamell, Orangenlikör und Orangensaft und püriert sie. Diese Sauce, kräftig in Farbe und Aroma, umgibt die Insel aus Zitronen-Zimt-Quark.

Die Quarkspeise ist eine Mischung aus Crème anglaise mit Zitronenschale und Zimt sowie Quark und Gelatine. Sie wird in einzelne Förmchen gegeben und gekühlt. Durch kurzes Eintauchen der Form in heißes Wasser lässt sich die Quarkspeise leicht stürzen.

Aprikosen gehören zu den häufigsten Früchten auf den Balearen. Unser Küchenchef brät sie auf einer heißen Metallplatte, Sie können aber auch eine Pfanne verwenden. Achtung, die Früchte brennen leicht an!

Die Aprikosensauce verbindet Orangensaft mit Triple-Sec, einem Likör aus Orangenschalen, der meist eisgekühlt getrunken oder zu Cocktails, Obstsalat oder Eis gegeben wird. Er kann durch Kirschlikör ersetzt werden.

Stürzen Sie eine Quarkinsel auf einen tiefen Teller, umgeben Sie sie mit Aprikosensauce und fügen Sie zum Garnieren Brombeeren, Minze und Blaubeeren hinzu.

Quarkinseln: Die Milch mit dem Zucker und der Crème fraîche erwärmen, Eigelb schlagen, Milchmischung zugießen. Mischung in den Topf zurückgeben und eindicken lassen. Topf vom Herd nehmen, eingeweichte Gelatine unterrühren.

Die abgeriebene Zitronenschale, den Zimt und den Quark vorsichtig unterheben und in 4 Förmchen füllen. 3–4 Stunden im Kühlschrank ruhen lassen.

Aprikosensauce: Aprikosen halbieren und entsteinen, in einer heißen Pfanne von allen Seiten rösten.

Aprikosensauce

Den Zucker mit einem Spritzer Wasser karamellisieren, Aprikosen zugeben.

Triple-Sec zugießen und alles ca. 20 Minuten bei starker Hitze kochen. Häufig rühren.

Orangensaft zugießen und zugedeckt 10 Minuten köcheln lassen. 3 Aprikosen beiseite stellen, den Rest pürieren und abkühlen lassen. Quarkinsel in Aprikosensauce mit Aprikosenvierteln, Minze und farbenfrohen Früchten garnieren.

Die Köche

Giuseppe Barone
Sizilien

Michael Cauchi
Malta

Johann Chetcuti
Malta

Serge Fazzini
Korsika

Ioannis Lappas
Kreta

Angelo La Spina
Sizilien

und Konditoren

Michalis Markakis
Kreta

Oscar Martínez Plaza
Balearen

Amerigo Murgia
Sardinien

Vincent Tabarini
Korsika

Bartolomé-Jaime Trias Luis
Balearen

Abkürzungen:

kg = Kilogramm
g = Gramm
l = Liter
ml = Milliliter
EL = Esslöffel
TL = Teelöffel
Msp. = Messerspitze
1 Tasse = 125 ml
1 Glas = 125–150 ml

Originaltitel: *Délices des Îles de Méditerranée*

Übersetzung aus dem Französischen: Jutta Profijt für rheinConcept, Wesseling
Redaktion und Satz: rheinConcept, Wesseling

Covergestaltung: rincon² medien GmbH, Köln

Titelbild: © Ellert, L./StockFood

Printed in China

ISBN 978-3-8331-2334-4